ないがままで生きる

【大活字版】

玄侑宗久

はじめに

「無分別」という平和

近頃、臨床心理士であった河合隼雄《はやお》氏の講演録を読んでいて、とても感動的な話に出逢った。

氏はうまく話せない相談者に向き合ったとき、ひたすら余計なことを言わず、相手の沈黙に合わせて自分も黙るというのである。

ずっと黙っていると、ヘタをすると睡《ねむ》くなる。しかしそれだけは避けつつ明晰《めいせき》な状態を保ち、意識レベルを下げたまま黙りつづける。

ご本人も仰るのだが、これはまさに坐禅や瞑想と同じである。相手の心の中に手を突っ込むような言葉を発さず、そうして一緒に黙っていることで、氏は相手とずっと一緒にいることができるという。

しかも不思議なことに、相談者である不登校の高校生は、そうして殆んど話さずに帰って行ったあと、「あれだけ高校生の気持ちがわかる人はいない」と両親に話したらしい。河合氏自身は「私はなにもわかっていない。わかっていることといえば、彼が高校二年生で、学校に行ってないことくらいです」と語るのだが……。

これはまさに「無分別」「無我」とも言うべき状態で、人と人の間になにかが通じるという体験ではないだろうか。

またこんな話もある。有名な一休宗純《いっきゅうそうじゅん》禅師（一三九四〜一四八一）の死にまつわるエピソードだが、一休さんは、一時管長を務めた大徳寺に対し、もしも何か揉め事が生じたら、この遺言を読むようにと書き置きを残して亡くなったという。しかもそのもしもの場合は、必ず全山の僧侶が共に一週間の摂心（集中的な坐禅修行）を行ない、その後に遺言を開けるようにと条件を付けたらしい。さて、果たしてしばらく経つと、一休さんの予測通り、大徳寺山内で重大な揉め事が起きた。皆禅師の遺言を憶いだしてそれを見ようということになったが、摂心が条件だったから、全山が渋々法堂に寝泊まりして連日坐禅を組んだらしい。すると不思議なことに、直接的な話し合いは何もないのに、摂心が終わる頃には緊迫した空気もなくなり、あったはずの問題もなくなっていたというのである。念のため開けてみた遺言書は、白紙だったというオチがつく。

史実ではない可能性は高いが、これも深い禅定《ぜんじょう》における人間本来の親和力を示す物語のように思える。

そんなことを思ったのは、折しもパリで同時テロが起こり、その対抗措置としてフランスが空爆を強化、さらには米英露までが大同団結し、イスラム国への攻撃を激化させはじめたからである。

無差別テロほど卑劣なやり方はないし、むろん許せない行為ではあるものの、これまですでに九〇〇〇回もの空爆が行なわれた。殆んど報道はされないが、民間人の死者は「国境なき医師団」の病院関係者ばかりではないのである。

攻撃が、ＩＳ構成員を更に生産しているのは間違いない。

河合先生の事例に準《なぞら》えれば、学校へ行かない高校生をいくら叱っても叩いても何の解決にもならないのに、そうし続けるようなものではないか。

イスラム社会に限らず、我々は今、異質な「わたし」にあちこちで向き合っている。「わたし」を前提にしたお互いの欲望をぶつけあっても、何も解決しないことは明らかだろう。

今こそ世界は、東洋の叡智を共有すべき時ではないだろうか。

この本では、「無分別」「無常」「無我」「無心」という仏教の智慧、また「無為自然《むいしぜん》」に象徴される老荘思想、そして「無限」では、秩序や必然が、いかに人間の自由に関わるのかを考察してみた。

いずれも人間そのものの、最も平和な在り方についての話である。日本で成熟した仏教や禅、老荘の考え方に、今だから触れてほしい。

そして何より私が望むのは、これまでに長く蓄積して澱《よど》んだ思いを手放し、自ら何度でも「ないがまま」に戻ってそのような自己を肯定し、しかも相手とも同じ「ないがまま」の状態で通じあうこと。そのためには、高校生に向き合った河合先生の辛抱強さこそ重要になる。本当の平和とは、そのような無分別で「ないがまま」の状態でしかありえないのである。

うちのお寺の永代供養の納骨堂は「涬溟宮《こうめいきゅう》」と名づけたのだが、涬溟とは『荘子』に登場する言葉で、自他の境が溶暗してなくなった状態である。おそらく荘子は、「坐《ざ》忘《ぼう》」の果てに何度もその境地を体験していたのだろう。しかし私は死んで骨になってからではなく、これを東洋の叡智として「無分別」の瞑想の深みで感じてほしいのだ。

実際の瞑想法などは『「いのち」のままに』(徳間書店)で書いたが、ここでは瞑想を踏まえた活発で平安な心の在り方に、「無」を手がかりに理解を深めていただければと願う。

イスラム教徒とキリスト教徒の摂心はもはや叶わないだろうが、せめて我々が願う東洋的な平安のイメージだけでも、感じていただければ嬉しい。

今回も、美野晴代さんには目次立てから文章の配列まで、大変お世話になった。「無」というキーワードを見つけ、この本の刊行を勧めてくださったことに心から感謝したい。また武藤郁子さんには前作に続き、厳密な校閲で恥を水際で減らしていただいた。伏して感謝したい。

平成二十七年暦尾《れきび》

三春幻住庵にて　玄侑宗久　拝

ないがままで生きる

◉目次

なにもないって
すごく自由！

第2章　小賢しい思惑から離れると、身についた性（もちまえ）が豊かに現れる　無為自然

第3章　自分自身も無常。「それはそうだ」を常に突き崩そう　無常

「探しているうちは見つからない」。
メガネ　メガネ…？

おじいちゃん かっこいい！
うん。
知ってる。

モモでーす!!
サクラです♡
ウメです。

ー無我のやりとりー

第6章　未来を憂えすぎず、「今」に無心になろう　無心

第1章

悟った人の世界はこんなに自由！

無分別

「ないがまま」の発見

古くからある「あるがまま派」と「ノウハウ派」

世の中の人生論をざっくり眺め渡すと、「あるがまま派」と「ノウハウ派」に大きく分けられるように思う。

あなたは素晴らしいんだからそれに気づくだけでいい、がんばらなくていい、というのが「あるがまま派」。一方、このテクニックや考え方を知るか知らぬかが大違い、知ったら努力してこの方法を学ぼうというのが「ノウハウ派」である。

ちょっと極端な対比の仕方かもしれないが、じつはこの二つの考え方は、相当古くからある。

禅の初祖《しょそ》といわれる**達磨**《だるま》*さんから数えて五人目、五祖弘忍大満禅師《ごそぐにんだいまんぜんじ》（六〇二～六七五）

の後継者を決める際、最も優秀な弟子だと目されていた神秀《じんしゅう》（六〇六～七〇六）は、人間は鏡のような素晴らしい心をもっているが、塵《ちり》がつきやすいので日々払拭して綺麗にしなくてはならない、という主旨の詩を貼り出した。ところがもう一人、五祖に入門して半年ほどという触れ込みの慧能《えのう》（六三八～七一三）という弟子は、いちいち神秀の詩に逆らうように、心は「本来無一物《ほんらいむいちもつ》」なのだし、いったいどこに塵埃《じんあい》がつくというのか、との詩を掲げる。

後に荷沢山《かたくさん》に神会《じんね》（六八四～七五八）という禅僧が出て、慧能のほうを正統として「頓悟《とんご》」「南宗《なんしゅう》禅」と呼び、神秀のほうは「漸悟《ぜんご》」「北宗《ほくしゅう》禅」として過小に扱われるようになるのだが、実際にはこの神秀、唐代の正史に記録された三人だけの僧侶に入るほどの人物であり、相当に信望も集めた立派な禅僧だったらしい。つまり、神会の解釈がかなり慧能寄りのフィクションではないか、とも思えるのである。

ここで禅の歴史を詳しく語るつもりはないが、要するにこの二人（慧能と神秀）の対照

＊＝？～五三〇？　禅宗の初祖。南インドの国王の第三王子と伝えられる。中国に渡って梁の武帝との問答を経て、嵩山の少林寺で九年間面壁坐禅したという。その教えを二祖慧可に伝えたとされる。

が、そのまま冒頭に申し上げた「あるがまま派」と「ノウハウ派」の対比に重なっていくのである。

「ノウハウ派」という言い方は、誤解を招きかねないので注釈しておこう。彼らは人間本来の太陽の如《ごと》き心の輝きは信じつつも、現実の心は雲に覆われ、迷い、苦しんでいると考える。だからこそ修行が大事なので、日々精進《しょうじん》努力すべきだと主張するのだ。

ただ精進努力というのは、必ずや競い合いになる。そうなると効率主義も出現するから「ノウハウ派」の発生源にもなるのである。

さて、「あるがまま派」の慧能や南宗側からすれば、北宗のそのような精進努力が無駄ごとに見える。それは人為的であり、目的意識によって心を汚すだけに思えるからだ。唐代の禅を代表する馬祖道一《ばそどういつ》（七〇九〜七八八）は、師匠の南岳《なんがく》（南嶽）懐譲《えじょう》（六七七〜七四四）に敷瓦を磨くのを見せられ、皮肉られる。

馬祖「敷瓦を磨いてどうなさいます？」
南岳「ふむ、鏡にしようと思うてな」
馬祖「敷瓦を磨いたって鏡になどなりませんよ」
南岳「ならば、坐禅してどうして仏になれるのか？」

馬祖「……。では、どうすれば……？」

南岳「牛に車をひかせるようなもの。車が止まったら、車を叩くかな、それとも牛を叩くかな？」

この問答で馬祖は悟ったとされるのだが、馬祖はその後、「即心是仏《そくしんぜぶつ》」、「平常心《びょうじょうしん》」などで象徴される「あるがまま」をあるがままに認める禅を標榜《ひょうぼう》していく。

努力すればそれなりの結果が得られるのか、努力などせずに現状を肯定したほうがいいのか、この二つの考え方は、じつは中国の儒教と老荘思想（あるいは道教）にも深いところでつながっている。「至誠通天《しせいつうてん》」といって誠による精進を讃える前者に対し、後者は「無為自然」でとにかく自然に随順すべきことを説く。

人生論として考えれば、中国に長く儒家と老荘思想が並立してきたように、どちらかに絞り込めるものではないのだろう。禅のほうでも馬祖とは対照的な石頭希遷《せきとうきせん》（七〇〇～七九〇）が出て、現状のままではない「本来の自己」が「渠《かれ》」として追求されていくことになる。

いずれの考え方が正しいかという審判はできないものの、この二つの考え方はそれぞれに特徴的な心理的影響をもたらす。「あるがまま派」は怠惰に陥る可能性もあるが、とにかく自己肯定感が強いから明るく活発になりやすい。「精進努力」あるいは「ノウハウ派」は、うまくいけば一時的な肯定感はもてるものの、すぐに目標を上方修正するため、常に「途中」にいる感覚を免れない。「まじめで立派だが、光がない」といった印象をもたれやすいのである。

「ないがまま」は、「今」を出発点に置く呪文

禅の流れのなかでは、やがて「頓悟漸修《ぜんしゅう》」など、両者を総合する考え方が出てくるのだが、私の問題意識はむしろ人生論の基盤としての「自己」の捉え方である。心を病み、ウツになる人があまりに多い今の日本では、精進努力の競争はむろん最悪だとしても、「あるがまま」という捉え方にもかなり問題があるのではないか、それじたいがむしろ病根になってはいないか、そう思ったのである。

初めて「ないがまま」という言葉を使ったのは、『アブラクサスの祭』（新潮文庫）という小説においてだった。非定型精神病の主人公がコンサート前に自己を調える呪文のような言葉として、である。

「あるがまま」ではどの自己が肯定すべき自己なのか、その迷いがどんどん深まって自縄自縛になるのに対し、「ないがまま」ならもとより裸一貫、その場で新たに自己を立ち上げるしかない。常にあらかじめの自己イメージを捨てたところから、まさしくその時その場の自己を立ち上げようというのだ。

本当は、「裸一貫」の「一」こそ「あるがまま」なのかもしれないが、そんな思考は「今」を生きる役に立たない。とにかく「ないがまま、ないがまま」と唱え、常に蓄積されない「今」を出発点に置くことを、私は小説の主人公に勧めたのである。

「ないがまま」という言葉は、不思議に「精進努力」のエネルギーも導く。もともとまじめすぎるような人が病んでいるのだから、そこから「ノウハウ」に走る危惧は不要だろう。しかも時間の蓄積による上達や思考の深化は、意識しなくても自然に起こってくる。「ないがまま」と日々唱えていれば、結果的には「頓悟」と「漸修」、「あるがまま派」と「ノウハウ派」(精進努力派)の両方の思いが叶《かな》えられると思うのだが、如何《いかが》だろうか?

無分別智と無記

分別《ふんべつ》は捨てるべき妄想!?

仏教用語のなかで、常識とあまりにも違う使い方をするものに、「分別」がある。世間では「分別のある大人」が重視されるのだし、「分別盛り」も褒め言葉だが、いざ仏教語としてそれが使われるや、途端に分別は捨てるべき妄想とされ、「無分別」こそが賞讃される。いったいこれはどういうことなのだろう。

原語から考えたほうが少しは分かりやすいかもしれない。

パーリ語の「パパンチャ（papanca）」が漢訳語「分別」の原語で、この言葉の原義は拡大・拡散することである。つまり、勝手な境界をつくって一つの全体を分割し、多様化、複雑化してしまうことだ。

分別の元になるのは、むろんそれぞれの勝手な物語。感情や記憶や価値観といえばまだ聞こえもいいが、結局は好き嫌いや「わたし」の都合なども大きく関わってしまう。パパンチャは伝統的には「戯論《けろん》」と訳されてきた。正しい分別などはあり得ず、すべての分別は個々人の勝手な判断であり、いわば戯れの議論だと考えられたのだ。

白隠禅師坐禅和讃《はくいんぜんじざぜんわさん》のなかに、次の一節がある。

直《じき》に自性《じしょう》を証すれば　自性即ち無性《むしょう》にて
すでに戯論を離れたり

大乗仏教の禅定《ぜんじょう》はとにかく素晴らしく、その法は聞いて喜ぶだけでも限りなく福が得られるが、まして直に（自分で禅定に入り）自性を徹見すれば、それは無性なのだと気づくはずで、その時点ですでにあらゆる戯論を離れている、というのである。

「自性即ち無性」とは、常一主宰《じょういつしゅさい》の実体我などないと気づき、すべての自己は縁によって生ずる無常なる姿だと深く認識することである。そこでは我（「わたし」）も溶融しているため、分別する主体じたいがない。

むろん、分別する主体がないとは言っても、眼耳鼻舌身意という六根が休んでいるわけではないから、現象は生起しつづけている。ただ、六根が感受した現象に欲望を抱かず、執着しない（我とみなさない）から、それはただ生起する現象のみ、なのである。

このような状態を、釈尊《しゃくそん》は「如実知見《にょじつちけん》（ありのままに見ること）」と呼び、「無分別智」とも言った。結局のところ、それこそが戯論寂滅によって体験される奇特な状態なのである。

「分別」は必ずぶつかって議論になる

そうは言っても、日常のなかで分別を逃れることは相当に難しい。

我々の日常生活は、ゴミの分別《ぶんべつ》をはじめ、さまざまな分別を競い合う日々だといっても過言ではないだろう。

釈尊もおそらくそのことは充分承知しており、だからこそ究極の態度として「無記」があったのではないだろうか。

釈尊には「十難無記《じゅうなんむき》」などという決して答えないとされる問題があった。たとえば如来《にょらい》は死後も存在するかどうか、世界は時間的に有限か無限か、などだが、こうした質問を受けても、釈尊は決して答えなかった。「あいつ、何も知らないんじゃないか」などと言われても、沈黙を貫いたという。そしてその態度を、経典《きょうてん》は「無記」と記すのである。

釈尊自身の言葉として、「彼ら（外道《げどう》の遊行者《ゆぎょうしゃ》たち）は五蘊《ごうん》を我だと考えているから、そのような問いに答えるのだ」との言葉も伝わる。しかし別な経典（マハーコッティタ経）には、無記をすっかりマスターしていた**舎利弗**《しゃりほつ》*の言葉として、ある種の問いかけに一切答えないのは、答えると「分別の相にないものを、分別の相にもたらすことになる」からだ、と伝えている。

分別どうしはぶつかって必ずや議論になる。人の認識そのものを「戯論」と見る仏教であれば、戯論どうしを戦わせる議論などに意味を見いだせないのは当然であろう。

仏教教団においては、六根による認識（六触処）によって勝手に歪められた現象が、「我」という統合の中心を得て「世界（＝loca）」が成立すると考えている。だから目指すべきは

＊＝お釈迦様の十大弟子の一人。お釈迦様の弟子の中でも、智慧第一と称せられた。舎利弗と目連（目犍連）を特に二大弟子と呼ぶ。シャープートラ。舎利子とも。『般若心経』の「舎利子」とは、この人物のこと。

「世界の終わり」であり、戯論の寂滅なのである。

思えば分別が幅《はば》を利かす世間（＝世界）とは、その成り立ちが全く違う。世間は常に分別どうしの争い、勝負の様相を呈するが、出世間の人々にはそれが虚妄の分別であり、争う意味のないことだと充分に理解されているのだ。

しかしたとえ出世間の無分別智を得たとしても、日常では常に世間と接触せざるを得ない。そこで仏教教団は、和合のうちに無分別智に気づかしめ、戯論寂滅を教唆する気の遠くなるような手段として、おそらく無記という態度を選び取ったのである。

「男は黙ってサッポロビール」を飲んだとしても、じつはキリンやエビスのほうが好きかもしれない。そういうことではないのかな？

白隠——厳粛かつポップな禅僧

臨済宗《りんざいしゅう》中興《ちゅうこう》の祖

白隠慧鶴《はくいんえかく》禅師[*1]は貞享《ていきょう》二（一六八五）年、駿河《するが》の国、原《はら》の宿に生まれ、明和《めいわ》五（一七六八）年、八十四歳で遷化《せんげ》した臨済宗の僧である。諡《おくりな》は後桜町《ごさくらまち》天皇から「神機独妙禅師《しんきどくみょうぜんじ》」、明治天皇から「正宗国師《しょうじゅうこくし》」と下賜《かし》された。実にイメージの異なる二つの諡であるが、まさしくこの幅こそが禅師の真骨頂であろうと思う。

ここに白隠禅師の全貌を描く紙幅はとうていない。ここでは二つの諡を足がかりにおよそのイメージを摑《つか》んでいきたいと思う。

「正宗国師」としての禅師は、臨済宗中興の祖ともいわれ、五〇〇年でようやく一人出るほどの傑物《けつぶつ》（五百年間出）とされる。**公案《こうあん》**[*2]体系を組み直し、自ら「隻手《せきしゅ》の声」という公案

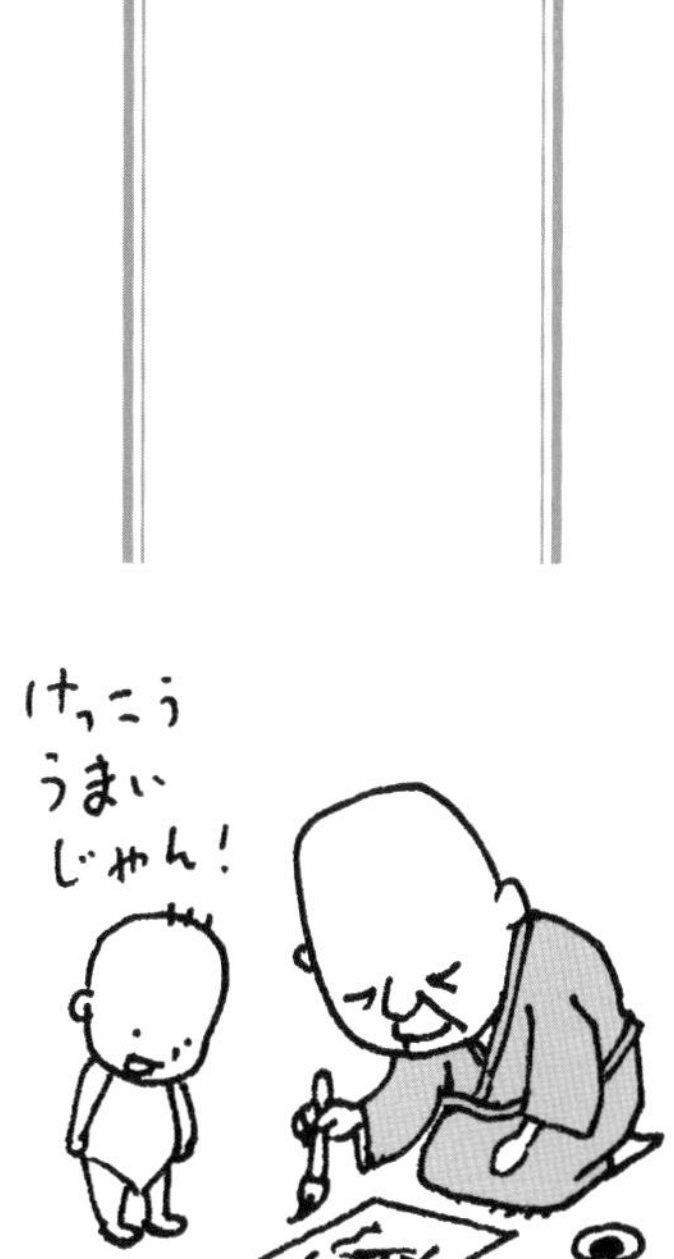

を創出し、実に多くの出家《しゅっけ》・在家《ざいけ》を導いたといわれる。その内容はたいてい以下のようなものだ。

「両手を拍《う》てばこんな音がする。それでは片手の音とはどんなものか、とっぷり坐禅して聞いてこい」

世の中には反対語、対語が溢《あふ》れている。たとえば美醜、尊卑、浄穢、大小、好き嫌いなど。しかし禅では、そうした相対的比較による価値観に意味を置かない。それは脳のクセに従った分析的解釈であり、「命」の本体とは何の関係もない。もっといえば、そんな解釈は「妄想」に過ぎないというのである。

古来、そうした禅の公案の入門編には、「趙州《じょうしゅう》無字《むじ》」といわれる公案が用いられてきた。簡単にいえば、「犬にも仏性《ぶっしょう》は有るか無いか」と問うのだが、「有」と答えても「無」と答えても老師には鈴を振られる（鈴を振るのは「ダメ」の合図）。そうして二元論の無意味が婉曲に、しかも強烈に知らされるのだが、この公案よりも「片手の声」のほうが得心しやすいと、禅師は言うのである。

修行に公案を用いるのは臨済宗、黄檗宗《おうばくしゅう》のみで、曹洞宗《そうとうしゅう》は基本的に「行持《ぎょうじ》」に絞って仏の作法を真似るのに対し、臨・黄では行持だけでなく心、あるいは発想法まで仏に倣《なら》おうというのである。ただ、それでは虻蜂《あぶはち》取らずになってしまい、行持も心も中途半端になる、という側面もあるし、形だけでなく少しは仏の心の在り方も学ぶべきだと考える人々もいる。その方法論の違いは、初学者にとってのみ大きいと考えるべきかもしれない。蘭渓道隆《らんけいどうりゅう》禅師《ぜんじ》（一二一三〜一二七八）はすでに「済洞（臨済と曹洞）を論ずることなかれ」と説いているし、両方の道場で修行する人々も昔は多かった。

とにかく白隠は、そうした禅の第一義の世界で、大きな功績を残した。達磨大師《だるまだいし》から脈々と伝わった禅が、当初はさまざまな流派として日本にも流れ込んだが、結果としては

＊1＝臨済宗中興の祖と称される江戸中期の禅僧。駿河国原の宿（現・静岡県沼津市原）に生まれ、十五歳で出家し、諸国を行脚して修行。二十四歳で鐘の音を聞いて悟りを開くも満足せず、修行を続け、のちに病となるも、内観法を授かって回復。信濃（長野県）飯山の正受老人（道鏡慧端）の厳しい指導を受けて、悟りを完成させる。以後は原の松陰寺で信者を集め、曹洞宗・黄檗宗と比較して衰退していた臨済宗を復興させた。「駿河には過ぎたるものが二つあり、富士のお山に原の白隠」とまで謳われた。

＊2＝禅宗で、師から参禅者に示して坐禅工夫させる課題。先人の言行を基にする難問が多く、思考困難な状態を通じてとらわれの心から脱却させることを目的とする。

禅定を最も重視する南浦紹明《なんぽじょうみょう》（一二三五～一三〇九）、宗峰妙超《しゅうほうみょうちょう》（一二八二～一三三八）、関山慧玄《かんざんえげん》（一二七七～一三六一）〔応・燈・関〕へと伝わった禅のうち、白隠を通ったものだけが生き残る。沖本克己氏はそれを「砂時計のくびれ」のようなものだと評するが、よかれあしかれ白隠は、それゆえ臨済宗中興の祖と呼ばれるのである。

勇猛心《ゆみょうしん》

早熟ぶりを示す話や、厳しい修行に打ち込んだエピソードには事欠かない。しかし同時に、白隠には増上慢《ぞうじょうまん》の話も数多い。越後英巌寺《えちごえいがんじ》の性徹和尚《しょうてつおしょう》のもとで、師匠は認めないのに「大悟《だいご》」に酔いしれた姿もよく知られる。しかしたまたまそこに掛搭《かとう》した宗覚《そうかく》と出逢い、信州飯山《しんしゅういいやま》の正受庵《しょうじゅあん》に導かれることで白隠の人生は変わる。六十四歳の正受老人に二十四歳の雲水が胸ぐらを捕まれ、殴られ蹴られ、参禅のたびに「どぶねずみ」「穴蔵禅坊主」と罵倒されるのである。おそらくそこでの体験は、白隠の人の好い坊っちゃん気質を打ち砕いたことだろう。およそ半年余りの滞在だが、苦労の甲斐あり、ある雨の日の托鉢《たくはつ》に箒で老婆に殴られた途端、大悟したと伝えられる。

こうして白隠は、正法《しょうぼう》の担い手としての道を歩みはじめるわけだが、それまでの特筆すべき出来事は、やはり宝永《ほうえい》四（一七〇七）年十一月の富士山噴火だろう。大音響と炎が噴き上げ、ほぼ二週間に亘って空から石や砂や灰が降り続いたといわれる。二十三歳の白隠はちょうど行脚《あんぎゃ》から戻って沼津の大聖寺《だいしょうじ》（初めて本格的な修行に入った寺）におり、本堂に坐禅したまま「趙州無字」に没頭していたという。

しかも修行仲間がいくら避難を呼びかけても動じなかった、というのだから困った御仁である。

白隠禅師を特徴づける言葉として、よく「勇猛心《ゆみょうしん》」が用いられるが、これも周囲の仲間にすれば、時に巨大な自我と見えはしなかっただろうか。『維摩経《ゆいまきょう》』には「須弥山《しゅみせん》（ヒマラヤがモデルと思える高い山）のような自我も、大いなる悟りの機縁になる」と書かれているが、そう解釈するしかないのかもしれない。

ともあれ富士（不二）山を仰ぎながら育った宿場町原の駅長の息子杉山岩次郎は、大悟の末に、慧鶴という諱《いみな》の上に道号「白隠」を用いた。おそらく禅の世界観である「不二」を体現する者として「富士」を冠し、常の雪を被った気高い霊峰を「白隠」（snow capped）と表したのではあるまいか。「不二」は白隠にとって尽きせぬ上求《じょうぐ》の世界でもあり、同時に衆生《しゅじょう》に説くべき「正法」をも意味していたはずである。

融通無碍

さてもう一つの謚「神機独妙禅師」だが、これはおもに白隠の多彩な表現行為を彷彿させる。

勇猛心でがむしゃらに邁進するかに見える白隠だが、その表現は実に多彩で豊かである。ことに松蔭寺《しょういんじ》の住職に就《つ》き、今なら高齢者と呼ばれる頃から、どんどん禅画を描き、本格的な著作もするようになる。弟子の養成ばかりでなく、晩年はあらゆる手段を用いて檀家や信者の接化《せつげ》に努めたといえるのではないだろうか。

「不立文字」といわれる禅が、何故《なにゆえ》、と思われる方もあるかもしれないが、文字として固定的な原理原則を持たないからこそ、機に応じ、人に接して無限の表現が可能になる。禅僧にとっては日常こそ創作の対象。創作の中にこそ「今」があり、「自由」があるのである。

ただ、私も小説を書くから思うのだが、白隠の表現には、圧倒的に個人に向けられたものが多い。そこがいわゆる「文芸作品」との一番の違いだろう。たとえば仮名法語の『藪《やぶ》柑子《こうじ》』なども、六十九歳の老僧が母親の五十回忌にあたり、何か供養になることができないかと、「富《ふ》郷《きょう》賢媄《けんえい》」なる女性に向けて書くことにしたというのだが、この四文字は母親の戒名だろうか。しかも五月二十五日暮れ方より書きだした筆書き原稿は、翌日の夜半過ぎに書き終えている。原稿用紙にすれば二十三枚ほどだが、この迸《ほとばし》るようなエネルギーは老僧とは思えない。

ほかにも、六十七歳のときに書いた『於仁安佐美《おにあざみ》』の上巻は、当時二十七歳と二十三歳だった中御門《なかみかど》天皇の皇女（宝鏡寺門跡《ほうきょうじもんぜき》および光照院門跡《こうしょういんもんぜき》）に法語として与えられ、下巻は伊予大洲藩《いよおおずはん》の江戸詰家老、加藤某《なにがし》に与えられている。

殿様への叱責あり、庶民への励ましあり、その対機説法の相手も内容も、ほとんど無制限といえるほど広い。むろん、個人向けではない著作も多いが、対象の読者はきっちり考えられている。当然、万巻の禅籍や仏教書だけでなく、『論語《ろんご》』『中庸《ちゅうよう》』『易経《えききょう》』『老子《ろうし》』『荘子《そうじ》』など、あるいは漢方医学にも通暁《つうぎょう》しているのは明らかである。

しかも白隠の布教における大きな特徴は、いわば庶民信仰ともいえる古来の日本人の信仰対象を、積極的に受け容れていることだろう。地獄《じごく》、極楽《ごくらく》、天神《てんじん》さま、稲荷《いなり》、七福神《しちふくじん》などのほか、お題目や念仏にだって垣根がない。

日本的な、あまりに日本的な禅が、ここに誕生したといえないだろうか。

そうした表現が最も顕著なのが禅画であるが、このところ白隠の禅画については、京都・花園大学の芳澤勝弘教授が画期的な発表を続けている。芳澤教授は全国各地をくまなく歩きながら、これまで贋作《がんさく》とされてきた多くの「白隠筆」の禅画を、禅師自身の若描きなのだと鑑定する。

芳澤教授は自ら驚きを隠しきれず、白隠の描いた禅画は「おそらく一万枚ほどあるのではないか」とおっしゃる。四十歳から描きだしたとしても、四十四年で一万枚ということは、一枚一・六日のペースだ。これが尋常でないことは、どなたにも容易にわかるだろう。それはもう、「行」と呼んでもいいかもしれない。

あらゆる人々に接し、その人に応じた教えを時にはユーモアたっぷりに描き上げる。そこでは禅の枠組みさえ、余計な制約であったかもしれない。

当時の世の中は、庶民の困窮を尻目に上流社会は享楽に耽《ふけ》り、政治もけっして安定してはいなかった。今の格差社会、短命政権の現状に似ているといえば似ている。そんななか、白隠は庶民に「孝」や「仁」など儒教の徳目を説き、道教的「長寿」や「和合」を勧める。また御政道批判もしっかり書き残している。

晩年の白隠には観音信仰《かんのんしんこう》が色濃くあり、そこには若くして喪った母親の面影があるのかもしれないが、自らにも相手に応じて無限に変化できる「応化力《おうげりょく》」こそを求めたのではないか。おそらくそれが白隠の求めた菩薩道《ぼさつどう》の帰結であった。

白隠は『延命十句観音経霊験記《えんめいじっくかんのんぎょうれいげんき》』を書き、さかんにこの短いお経を唱えることを勧めた。庶民にも簡単に得られる禅定の方法であるばかりでなく、これは「観音」の思想そのものの流布でもあった。

「正法」としての純禅と、「神機独妙」としかいいようのない観音の慈悲、これが双つながら白隠を特徴づける。なんと厳粛かつポップな禅僧であろう。

禅師、かくの如く自愛せり

誰にでもできるイメージングによる身心調整法

「その一　内観《ないかん》の秘法」

宝暦七（一七五七）年、白隠禅師は古稀を過ぎ、自伝的養生書『夜船閑話《やせんかんな》』（巻之上）を書いた。端的にいえば、自分が若い頃、坐禅修行のしすぎで罹《かか》った「禅病」をいかに克服し、なにゆえ今も斯くの如く元気なのか、それを物語的に解説したものと言えるだろう。

禅病といってもピンと来ないかもしれない。本文では「観理度《かんりど》に過ぎ、進修節《しんしゅうせつ》を失して、終《つい》に此の重病を発す」とあるが、要は公案（禅問答の問題）を拈提《ねんてい》しすぎ、根をつめて修行しすぎた結果、「心火逆上」したというのである。今ならさしずめ運動もせずにパソコン仕事をしすぎ、異様なほど交感神経が緊張した状態といえるかもしれない。若き白隠はこ

れによって両脚が冷たくなり、耳鳴りにも悩み、それどころか気持ちもおどおどして、悪夢にも悩まされていたようである。

そこで白隠は、京都の白川山中に住んでいる白幽《はくゆう》先生を訪ねる。歳《とし》は百八十歳とも二百四十歳ともいわれているようだから、これも仙人と思ったほうがいい。そういえば「至人《しじん》」「真人《しんじん》」などの表現が本文に出てくるが、これは『荘子』の言葉である。自分の姿が道士（道教の修行者）に似ているからといって、道術だと思ってはいけない、これもまた禅だと、わざわざ白幽先生に言わせているが、誰もがそう思ってしまうほど、ここで説かれるのは道教的なベースに乗った処方である。もっとも、禅は中国で道教的な基礎の上に発展したものだから、その辺りはもっと学ぶべきだと、白隠は考えていたのだろう。この本には『荘子』『易経』『魔訶止観《まかしかん》』『素問《そもん》』などからの引用が出てくるが、これも白隠自身が親しんだ思想と考えるべきだろう。

さて早速その処方を聞きたいところだが、白幽先生はご丁寧にも陰陽五行《いんようごぎょう》による生命観から説き起こす。その上で、肺の「火」を丹田《たんでん》におろし、腎の「水」を上へ上げて「交わる」ようにせよと言う。「交」こそが「生」の象《すがた》だというのである。

通常、我々のからだは、下半身が温かく、上半身が涼しいのが理想とされる。漢方では

「上虚下実《じょうきょかじつ》」というが、白隠の場合、これが逆になっているわけだから、気血を下のほうへおろさなくてはならない。その最良の方法が、「観の力」、内観の秘法だというのである。

じつは内観といっても、言葉、音、映像による方法と、さまざまあるのだが、ここでは私が実際に行なっていた言葉による誘導法をご紹介しよう。これは『遠羅天釜《おらてがま》』巻の上に書かれている言葉を、唱えやすく修正したものである。

吾《わ》ガ気海丹田《きかいたんでん》　腰脚足心《ようきゃくそくしん》、總《そう》ニ是《こ》レ趙州《じょうしゅう》ノ無字《むじ》、無字何《むじなん》ノ道理《どうり》カ在《あ》ル

この調子で「気海丹田、腰脚足心」と五度ほど繰り返し、是れ即ち「本来《ほんらい》の面目《めんもく》」「唯心《ゆいしん》の浄土《じょうど》」「己身《こしん》の弥陀《みだ》」「本分《ほんぶん》の家郷《かきょう》」などと唱えていくうちに「気海丹田、腰脚足心」に意識がどんどん集まっていく。まるでそこが無限の可能性を秘めた場所のような気がしてきて、自然に下半身全体が温まっていくのである。

ちなみに「足心」というのは土踏まずのことで、荘子は「真人」の呼吸は踵《かかと》でするのだと書いている。

奇想天外に聞こえるかもしれないが、『夜船閑話』にも「唯心所現《ゆいしんしょげん》」とある。心に強くイ

メージした象《かたち》に、からだは素直に従ってくれるのである。
むろん、心中で「気海丹田」とか「腰脚足心」と唱えた途端、すぐに現実の自分の下腹部や腰・脚・土踏まずに、意識を持って行かなくてはならない。意識が行った場所に気血（精気や血液）が運ばれ、ほどなくそこが温かくなってくるから不思議である。できれば息を深く長く吐きながらイメージを拡げてほしい。誰にでもできる言葉とイメージングによる身心調整法である。

一生使える自愛法
「その二　軟酥《なんそ》の法」

言葉のイメージ喚起力を利用した身心調整法が「内観の秘法」だとすれば、「軟酥の法」は純粋に映像的イマジネーションを用いる内観法といえるだろうか。いや、視覚だけでなく、熟練してくると味覚や嗅覚も関係してくる。一生かかっても「用い尽くせない」方法だというのだから、相当奥深いのだろう。これも「内観の法」の一つには違いないのだが、通常は単独で扱われることが多い。

軟酥とは、バターのようなものと思えばいい。ただしその色や香りが清浄だと感じることが大切だから、「私、バターは嫌いなの」という方は、たとえばラベンダーの香りの香油の塊とか、何でも好きなものを想定すればいい。とにかく鴨の卵ほどの大きさの軟酥が頭頂に載っており、それが溶けてひたひた頭蓋に染み込み、首、肩、胸から全身が潤っていくイメージを持つ、というのだから、好きじゃなければ耐えられないだろう。

幸い私はバターが好きだし、先日も肩が痛かったため、軟酥の法を試みた。

まず大切なことは、坐禅のときと同じく、「目を収めて」坐ることである。短い時間しかない場合は、いっそ目は閉じたほうが効果的かもしれない（坐るのは椅子でもいい）。そのうえで息を長く深く滑らかに吐きながら、頭上のバターが融けていく様子をなるべく精密に思い描くのである。

意識というのはその本性として一点に集まりやすい。そして一点に集まるとすぐに思考が始まってしまい、映像的な動きが止まってしまう。だからいっそ刷毛《はけ》で撫でるように面として思い浮かべたほうがいいかもしれない。息を吸うたびに頭上で融けたバターを想像し直し、それが吐きだす息と共に皮膚面も内部も潤しつつ下へ下へとおりてゆくのである。

そうすると、不思議なことに、痛みのあった部分にも痛みを感じなくなっていく。それだけでなく、肺肝腸胃、あるいは横隔膜《おうかくまく》にも染み透ってゆくから、その辺りも調っていく。これはもう、喜びに満ちた最高のイメージングである。

しかもその際、皮膚や臓器ばかりか、これまでに積み重なってきた悪念なども下へ下へ流れ出ていくと想うのである。

呼吸のたびに上からイメージし直すが、一度通った場所は確認程度で済むし、まだ違和感がある場所には念入りに染み込ませればいい。そうしてどんどん下のほうに温かい液体が溜まり、しまいにはそういう香油のお風呂に下半身を浸したような気分になってくる。

一応、足心（土踏まず）からバターが融け出てくるようになったら終了、ということではあるが、もっと余韻に浸り、バターの風呂にも入っていたい、という場合は、どうぞ勝手に続けてください。

誰もが長年馴れ親しんでいるかに思えるそれぞれのからだではあるが、使いこなせるまでにはけっこう修練が要る。修練というより、それこそ「養生《ようじょう》」というものだろう。よく「ご自愛《じあい》ください」などというが、最近は自愛の仕方を知らない人が多い。一生使える自愛法として、軟酥の法は如何《いかが》だろうか。鼻先に付けた毛さえ揺れないほど静かに息を吐きながら、全身の毛穴から息と一緒にバターが染みだしてくる。それは人知れぬイメージングによる究極の自愛法である。

この方法に習熟した白幽先生は、山中で食料の蓄えがなくなり、数カ月の間食べずに過ごしたらしいが、凍えもせず、飢え死にすることもなかったという。

むろん、そんなことは真似しないでいただきたい。白幽先生はすでに百八十歳か二百四十歳か判らないほどの年齢なのだから、どうしても真似したければ百五十歳を超えてからにしてください。

天鈞《てんきん》

自然が自然でなくなる解釈

「道」は時に「自然」と同じ意味で使われ、けっして捉えられないものとされる。『老子』冒頭には、「道」と名づけた途端それは道でなくなるとされるが、要するに合理的にはけっして理解できないということだろう。

キリスト教では、たとえば大洪水が起こってノア夫婦だけが助かったとき、なぜ神はノアたちだけを助けたのか、とことん考えようとした。そしてノアの信心の在り方を、神に讃《たた》えられたものとして讃えたのである。

しかし大きな災害をそんなふうに捉えることは、東洋的ではない。絶対者としての神を認めない立場からは、そこに特定の意図があるとは考えないのである。

『老子』第五章には「天地に仁《じん》なし」とあるが、これはそういう意味だ。残った人々の何かが優れていて救われたわけでもないし、逆に亡くなった人々に落ち度があったわけでもない。ただ何のはからいもなく、自然にそうなったということだ。自然とは、そういった斟酌《しんしゃく》を一切しないという点で、恐ろしいもの、というのが第一義だと考えるべきだろう。

今回の東日本大震災では、じつに多くの人々が亡くなったわけだが、このことの解釈に、生き残った人々は苦しんでいるように思える。

解釈するから自然が自然でなくなるのだが、そうせずにはいられないというのも、これまた人間の自然なのだろう。

生き残ってよかった。まずはそう思うのが普通だろうか。しかしまもなく人は、どうしてあの人が死んで私が生き残ったのか、あの人のほうが生き残るべきではなかったか、などと悩みだす。

茫洋として計り知れない天の見方

しかしあくまでも天は、そんなふうに人を見てはいない。どちらが役に立つか、どちらが信心深いか、どちらが美しいか、とも考えない。天から見れば、すべてが斉《ひと》しく、釣り合っているのだ。

そういった考え方が、『荘子』では「斉物論《せいぶつろん》」と名づけられ、「天鈞《てんきん》」と表現される。天から見れば、すべて斉しく、釣（均）り合っているというのだが、むろん我々人間に、この見方がそう簡単に呑み込めるはずもない。

是非や美醜、損得というなら、まだ理解しやすい。見方が変われば価値が逆転することは、身の周りでもよくあることだ。しかし生死となると、どうなのだろう。死んでしまうより、生き残るほうが、少なくとも「嬉しい」はずだし、意味もあるような気がするのだが……。

ならば一旦、自分が死んでしまった時空を想像していただこう。すでに東日本大震災から百年ちかく経過し、自分も四十年ほどまえに、長寿を全うして心筋梗塞で死んだとしよう。その時点から、今回の震災による死者と、寿命を全うした自分の死を比較してみるのである。同じようにお墓に納骨され、お参りされる立場と思っていただきたい。

まずあらかたの人には、どう比較していいのか判らない、というのが実情ではないだろうか。自分のお墓がリアルに想像できる人など、ほとんどいないはずである。

そう。天の見方というのは、茫洋《ぼうよう》として計り知れない。要するに我々みたいに比較しないのだ。今申し上げたように未来から眺めるようでもあり、また遥か月の世界から眺めるようでもある。

自然に生き残ったことに、価値がないと申し上げたいのではない。それは有り難いご縁だし、天年を終えるまで生きればいい。

しかし、それがいったいどうしたのか、ということなのだ。若死にした人々が痛ましいという感情は、理解できる。しかしそれなら、九十歳だったら痛ましくないのか。生後間もなければ最も痛ましいのか……。

人間は、どう足掻《あが》いても天のように平等な物差しは持てない。

ただ命という自然のままに、解釈せず粛々と暮らすしかあるまい。

生きていくことは予測もしない多くの出逢いに満ちている。

それは遙かなる天鈞への道の途中の、喜びに満ちた出逢いのはずである。

ネコの枕経《まくらぎょう》

上機嫌の証拠「口笛」と「鼻歌」

先日、九十歳すぎまで独りで暮らしていた男性の檀家さんを見送った。奥さんに先立たれたのが約三十年前。その時は子供たちもすでに独立していたから、そのまま最近まで独りで農業をしながら暮らしてきた。そして最後は長男夫婦が数年同居し、骨折がもとで入院はしたものの、見事に「老衰」で亡くなったのである。

世話をしていた長男の奥さんが、とても興味深い話をしていた。

「義父はいつもにこにこ温厚な人で、とにかくジリッ的でした」

「ジリッ的、ですか?」

「ええ、自分のことは何でも、たとえば洗濯でも、自分でするんですよ。お料理は、私の

ヘタなのを食べてくださるんですけどね」

「ああ、自分で律する、自律ですね」

「ええ」

これは枕経をあげた後の私との会話である。旦那さんも頷きながら聞いていた。いい話だと感じ入っていたら、六十代後半と思《おぼ》しき彼女はさらに眼を輝かせて続けた。「しかも、自分のことをそうやってあれこれしながら、よく口笛を吹いてたんです」「口笛、ですか。……どんな曲です？」「曲はわかりません。曲になっていたのかどうかも、わからないですけど、とにかく上機嫌なんです。最高のお舅《しゅうと》さんでしたね」

それを聞いて私は、思わずネコや犬が上機嫌を示す能力に思いを馳せた。ネコはごろごろ喉を鳴らし、犬は尻尾を振る。彼らのこの能力について、私はかねがね尊敬の念を抱いているのだが、人間の場合はそうした大切な能力が如何《いか》に抑圧されているか、そう思って考え込んでしまったのである。

人間には、外から見て上機嫌だと判る徴《しるし》がさほどあるわけではない。たとえば掌《てのひら》や項《うなじ》が赤くなるなど、はっきりした身体特徴が表れれば偽《いつわ》れなくていいのだが、大人は特に笑顔をうまく使いこなすから判別しにくい。あえて上機嫌の正直な証拠を探すと、やはり鼻歌か口笛くらいしかないのではないだろうか。何よりそれらは、無意識に出るものだからこそ信用できる。

厳粛な死を荘厳《しょうごん》したネコの日常的上機嫌

ところがこれは、我が国では全く評価されない。昔、中学校の卒業式で鼻歌を歌った同級生がおり、先生にひどく叱責されるのを見た覚えがある。場所によって「不謹慎」と叱られるのは勿論《もちろん》だが、ならばどこならいいのかと考えても、トイレか風呂場くらいしか思い浮かばないのである。なんという不幸な「上機嫌」だろう。

なるほど卒業式も結婚式も、「式」と呼ばれるかぎり「厳粛」であるべきなのだろう。結婚式は「厳粛でありながらも和やかな」披露宴が褒められるが、それでも口笛や鼻歌ほど自律的な上機嫌が歓迎されるわけではない。

そんなことを考えていると、折しも日の当たる縁側に近所の赤虎ネコがやってきた。前肢《まえあし》を折り曲げ、奥さんによれば「いつものように」ネコなりに正坐したのである。

餌を運ぶでもなく、声をかけるでもなく、我々はただそのまま日向《ひなた》を見つめて会話していたのだが、そのうちネコは、初めは遠慮がちに、やがて盛大に喉を鳴らしだした。厳粛で静かで美しい死に顔の約二メートルほど先で、ネコは重厚な音を響かせつづける。まるでグレゴリオ聖歌のようで、立派な枕経とも聞こえた。聖なる老衰が、ネコの聖なる日常的上機嫌によって荘厳《しょうごん》されていったのである。

鼓盆《こぼん》の悲しみ

死は四季の巡りと同じ。そうは言っても

妻を失うことを、「鼓盆《こぼん》の悲しみ」という。鼓盆とは、食べ物を載せる素焼きの器を鼓《たた》くことだが、じつは原典の『荘子』至楽《しらく》篇を読むと、それはリズミカルな叩き方なのだとわかる。要するに荘子は、妻を亡くし、悲しむべき場面で、盆を鼓きながら調子よく歌っていたのである。

そこにやってきた親友の論理学者、恵施《けいし》は、当然のことだが訝《いぶか》しむ。「長年つれそい、子どもも育て、共に年老いた仲ではないか。その妻が死んだというのに、泣かないだけならまだしも、盆を鼓いて歌うなんて、ちょっと酷《ひど》すぎやしないか」

尤《もっと》もな言い分である。

しかし荘子は、死の直後の悲しさはどうしようもないにしても、最終的に死を悲しい事態と受けとめることには同意しない。

「老聃《ろうたん》死す」で始まる養生主篇《ようせいしゅ》の一節でも、老子の死を近隣の老人や若者が嘆き悲しむさまを眺め、荘子はつくづく老子の教育がなっていなかったことを概嘆する。これじゃまるで、天や人の道も分かっていなかったということじゃないか……。

荘子によれば、あらゆる生命は渾沌《こんとん》から気が生じ、気から形が生まれることで発生する。その変化を今度は逆に辿《たど》り、形から気へ、気から渾沌へと戻るのが死ではないかというのである。

これは自然な現象であり、いわば四季の巡りと同じである。いったいこの自然な変化のどこに情を差し挟む余地があるか、ということだろう。

「時に安んじて順に処《お》れば、哀楽も入ること能《あた》わざるなり」

巡り会った時を覚悟して受け容れ、与えられた運命にそのまま順《したが》っていれば、喜びや哀しみの入り込む隙間はないというのである。

そうは言っても、そうは言っても、である。

思いきり悲しめる場としての儀式を

今回の地震や津波では、八十八人の子どもたちが両親をなくして孤児になった。子どもはむしろ、表面上は元気に見えるかもしれない。彼らの柔軟な心は、鏡のように次々到来する新たな事態に自らを変化させるからである。

しかし子どもを失った親たちも大勢いる。石巻《いしのまき》の大川《おおかわ》小学校では、百八人の子どもたちのうち七十四人が津波に呑み込まれて亡くなった。六人の遺体がまだ見つからず、母親たちは毎日のように学校周辺を探し歩き、うつろな目で地面と空を交互に睨みつけながら彷徨《さまよ》っている。毎日同じことを考え、同じ笑顔などを憶いだしつつどんどん沈んでいってしまうのである。

通常は、嫌でも遺体を確認し、納得はできないまでもその死を承認せざるをえない。枕経やお通夜《つや》、葬儀、お盆などを通じてその気持ちも段階的に変化していくのだろう。ちょうど形から気へ、気から渾沌へという変化を納得するように、いなくなった子どもへの理解も、深化していくに違いない。

荘子のように、ひとっ飛びには無理なのだ。

一方、儀式のもつ力が充分には発揮されない子どもの場合、にこにこ元気にしているようでもじつはいつ心の形が崩れてしまうか分からない。まだ両親の保護が必要な柔らかすぎる器《うつわ》だから、ＰＴＳＤ（心的外傷後ストレス障害）が怖いのである。

仙台の七夕《たなばた》や各地の盆踊り、相馬《そうま》の野馬追《のまお》いなど、二〇一一年には困難な状況のなかで人々が必死に祭を立ち上げた。

これもいわば「鼓盆の悲しみ」で、もしかすると歌いながら踊りながら叫びながら、初めて思いっきり悲しめる場になったのかもしれない。

葬儀も祭も時にはお茶席さえも、儀式が確固とあるからこそ、ややもすれば思いが激しく溢れるのである。

第2章

小賢しい思惑から離れると、身についた性(もちまえ)が豊かに現れる

無為自然

無為自然の難しさ

人は死ななければ「無為自然《むいしぜん》」になることはできない？

「無為自然」とは、老荘《ろうそう》思想の基本になる言葉だが、「無為」とは何らの意図も作為もない状態のこと。なにもしないという意味ではなく、『老子』第三十七章には「道は無為にして為さざる無し」とある。つまり天地の如く、なにをしようという意図もなく、季節は巡り、太陽は照って雲は雨を降らし、そのなかで植物や動物が育っていくように、全てが不足なく為されていくということだ。

「自然」は『老子』にも『荘子《そうじ》』にも出てくるが、「自《おの》ずから然《しか》り」という訓《よ》みのとおり、やはり人為を加えない在り方のことである。

このような無為自然であれば、たとえばネコが柱で爪を研《と》いだり、お尻を舐《な》めたりする

「探しているうちは
見つからない」。

のも、無為自然には違いない。ネコの場合、親から教えられ、練習して初めてできるようになるのは、ネズミを獲《と》ることだけらしい。後ろ肢《あし》で耳を掻《か》くなどという芸当も、人知れず血の滲《にじ》むほど努力して身につけたのではない。殆《ほと》んどの振る舞いは本能のまま、というのだから、ニャンコ先生は無為自然の達人のようなものだ。

犬の場合は、お手やお替わりを覚えるペットもいれば、逆立《さかだ》ちする犬までいる。仕込みようで千差万別になるし、言語をある程度理解するせいか国によって顔つきもちょっとずつ違う。つまり犬は、飼い主に従うという本性なのかもしれないが、かなり不自然なことまで学習によって体得してしまうのである。

荘子は馬における自然の抑圧が、じつに酷《ひど》いものだと嘆いている。彼ら自身は競争もしたくないし、狭い厩舎《きゅうしゃ》に閉じ込められたくもない。いや、足に蹄鉄《ていてつ》だって打たれたくないはずだが、ただ人間の戦いや遊興のために、犠牲になっているというのである。

こうした本能や学習、さらには抑圧とも言うべき事柄は、人間についてもそのまま検討材料になる。

人間の場合、本能でできることはネコや犬ほど多くはない。手取り足取り乳母《おんば》日傘《ひがさ》で導かれ、守られながら教えてもらわないと、生きていくことさえできない存在である。

換言すれば、人間になるために学ぶことは、無限に近いということではないか。だからこそ、母ネコはネズミの獲り方さえ教えれば「以上、子育て終わり」なのに対し、人間の子育てはいつ終わっていいのか、皆目《かいもく》わからないという憾《うら》みがある。親子間のその認識のズレが、ときおり金属バットなどを使った悲惨な事故に繋《つな》がるのではないか。

もしかすると人間は、どこまでいっても「有為」を越えられない存在なのかもしれない。目的意識とか功徳といってもいいが、とにかく人は何かの「為《ため》」という意識を捨てられないのではないか。

死について謳《うた》った「いろは歌」を憶いだしてほしい。前半では「色は匂へど散りぬるを我が世誰そ常ならむ」と諸行無常の儚《はかな》さが美しく歌われるが、後半の「有為の奥山けふ越えて」は、死によって「有為」の世界を越えるという認識が前提になっている。当然その向こうに想定されているのは「無為自然」な、完全に自由な状態であろう。からだという窮屈な器を抜けだし、無為自然の状態になってみれば、これまでの人生がまるで浅い夢のように思え、酔っていたような気もしてくる。しかし今はすっきり全てが見えているから、これからは浅い夢など見るまい、酔っ払いもするまい（浅き夢見じ酔ひもせず）、と結ばれるのである。

これはどう解釈してみても、死ななければ有為の奥山を越えて無為自然になることはできない、と言われているみたいではないか。

自覚をもち、分別を捨てて進む

無為自然の難しさは、ちょうど「道」の難しさに似ている。**趙州《じょうしゅう》和尚《おしょう》***と師匠の南泉《なんせん》和尚の問答をご覧いただこう。

趙州「道とはどんなものですか」
南泉「平常心是道《びょうじょうしんこれどう》」

＊＝趙州従諗《じゅうしん》。七七八～八九七。中国唐末の禅僧。八十歳で趙州の観音院に住し、百二十歳で遷化するまでの四十年間「口唇皮弾」と称される特異な禅風を示した。諡して真際大師という。趙州和尚と門弟との問答の多くが、後世の「公案」となり、広く知られることに。特に、「狗子仏性」のエピソードは公案集『無門関』の第一則に取りあげられ、東洋的「絶対無」の思想を象徴する問答として有名。

趙州「どうしたら、それをつかみとることができますか」
南泉「つかまえようとする心があったら、そりゃあつかめない」
趙州「手に入れることができないものなら、それがどうして道だと分かるのでしょう」
南泉「道は考えて分かるものではないが、しかし分からないと言ってしまっては何も始まらない。考えて分かるならそれは妄想であり、分からないとすれば無自覚というものだ。分かるとか分からないとか、そういう分別《ふんべつ》がなくなると、そこに道が現れる。それは晴れて澄みわたった青空みたいなもので、分別を入れる余地がまったくない」

如何《いかが》だろうか。分かることなどできないが、道というものについて無自覚では何も始まらない。当初は方向性への自覚をもち、とにかく分別を捨てて進めば、そこにふいに道は現れるというのだが、無為自然というのも同じではないだろうか。

そういえばこれ、「青い鳥」や日本の神である「翁《おきな》」にも似ている。意識して探しているうちは決して出逢えないが、諦めて日常に没頭していると、ふいに現れるのだ。むろんその前段として、自覚して探し回る長い長い旅があったわけだが……。

はてさて生きている間に、「これぞ無為自然」と思える体験ができるかどうか……。それはおそらく青い鳥や神との出逢いにも重なるはずだが、無理なら有為の奥山越えの時を待つしかあるまい。

「**山越えの弥陀**＊」という絵もあるとおり、「有為の奥山」を越えればそこで阿弥陀如来《あみだにょらい》が待っているはずだが、待ちくたびれて恰度《ちょうど》あの世に戻った直後だったらどうしよう？　そんなことまで考えてしまうから、無為自然は難しいのである。

＊＝来迎図（阿弥陀様が衆生を救うために人間世界へ下降する様子を描いたもの）の一つ。阿弥陀仏が上半身を山のかなたに現して、行く者を迎える図。

「運が悪い証拠」を捜さない

ボクと結婚してよかったかい？
・・・
それはまだわからないわ。

「運がいい」「悪い」の判別は結果論でしかない

占いの世界では、たとえば生まれた日時の星座の位置や、姓名、血液型などで、ある種の「宿命《しゅくめい》」を背負うものと考えているようだ。「宿命」の「宿」は「とまる」と訓《よ》み、いのちの全体性である「命《めい》」の流れまで予《あらかじ》め決まっていると考える。それが「宿命観」である。

なるほど世の中には、自分の力ではどうにもできないことが確かに多い。男か女か、長男か次男かなども、完全に受け身で与えられることだし、なにより我々は生まれる環境も親も選べない。「宿命」という考え方が生まれるのも無理はないのかもしれない。

しかし同じ境遇に生まれ育ち、似たような人々の間に暮らしたとしても、人はそれぞれじつにさまざまな人生を生きる。この認識から、おそらく「運命」という言葉が生まれた

るという見方である。

「運命」の「運」は「うごく」と訓み、これは天と人との関《かか》わりが予定もなく変化し続けるという見方である。

ただこの「運命」も、人がどの程度関わることができ、意図的に流れが変えられるのか、いや、せめてある程度の影響だけでも及ぼすことができるのか、などといった観点で、これまた考え方が分かれる。

運命の全体には逆らいようがないとしても、やがて波のようなその変化に「乗る」こと（荘子《そうじ》）や、その波の上に「立つ」こと（孟子《もうし》）が勧められる。後者は「立命《りつめい》」で、日本では大学の名前にも使われた。

それらに似た態度なのだが、日本の奈良時代には運命の流れに「為合《しあ》わせる」意味から、「しあわせ（為合）」という和語が生まれる。室町時代になるとこの「しあわせ」に「仕合」の文字が当てられ、相手も天ではなく人を想定するようになる。人が刀を持って向き合うことを「仕合」（今は「試合」）と表記したことからもわかるように、「しあわせ」とは相手の出方に対してどう対応するか、というかなり技術的な問題だった。うまく「仕合わせ」られればそれが「しあわせ」の語源であり、明治以後に用いられた「幸」や「幸福」の意味合いとはまったく違う。

そう考えると、世間でよく聞く「運がいい」とか「悪い」という判別は、結果論でしかないことがわかるだろう。波そのものには善意も悪意もなく、要はその波に乗るなり立つなりできたかどうか、つまりうまく「仕合わせ」られたかどうかなのだから、これは本人の心構えや技術に依《よ》るところが極めて大きいはずである。

思い込みが、運に善し悪しをつける

さてそこで問題なのは、どうしたらうまく波に乗り、そこに立ち、不慮の波に仕合わせることができるか、ということだが、これは実際の波乗りと違って目に見えない波だから難しい。

一つ言えるのは、人間の意識は極めて不自由で、一つしか摑めないということだ。思い込みが強い、という言い方もできる。

流れの全体を把握できないのは勿論、意識というのは摑んだら放さず、それをすぐに名詞的に分別する。たとえばこれが「運がいい」という証拠、あるいは「運が悪い」証拠、というように。

そして意識は、たいていの場合、脳から何かを捜せという指令を受けており、それを求めてあちこち彷徨《さまよ》った挙げ句、たいていはそれを見つける。まるで優秀な猟犬のような、脳の部下なのである。

たとえば「今日の自分は運が悪い」と思い込んだ場合、意識は必死になってその証拠を捜しだす。むろん逆に「今日はツイテル」と思った場合も、その証拠を捜し、それはきっと間違いなく見つかるのである。

一つ目の証拠が見つかれば、二つ目三つ目はもっとラクに見つかるだろう。松茸捜しと同じである。そうしてあっという間に「ツイテル一日」や「ツイテイナイ一週間」ができ上がるという仕組みなのだ。

ならばまず、「運が悪い」という証拠はけっして捜さない、という強靭な意志こそ、運の重要な下支えになると気づくだろう。

本当は、運がいいも運が悪いもないのだが、どうしてもそのような判断をしてしまう脳への、これは対抗措置である。

どんなときも希望を捨てない

同じことを、ユングは「希望の元型《げんけい》」と言った。一つの出来事の価値は単独では分からず、三つ四つと繋《つな》がって初めて明確になるのだから、それまでは「希望」を持ったまま判断を保留せよというのである。

中国の故事成語「塞翁《さいおう》が馬」という話も聞いたことがあるだろう。これも「希望の元型」と同じで、吉凶を判断せずに受け流す強い翁《おきな》の物語だが、現実にはかなり大変なことだ。がんになっても、交通事故に遭っても、それだけでは不幸とは限らない……。そう思わなくてはならないのだから。

しかし意識に捜させるものが明確であれば、それ以外を鷹揚《おうよう》に受け流すことも、いつしか上向きの運気に乗っている自分を発見することも、さほど難しくはないはずである。

どうせなら意識には、ささやかでいいから希望を捜してほしいものだ。

礼を以て酒を飲む者は

堅固な常識に気持ちよい風波《ふうは》を

『荘子』は、『老子』と共に老荘思想として括《くく》られ、禅の淵源《えんげん》にあってその思想的背景をなす書物である。荘周《そうしゅう》という人物と、その弟子筋《すじ》の言葉をまとめたものが現在まで伝わる三十三篇ものの『荘子』だが、ここではつれづれなるままに、『荘子』の中の印象深い言葉を紹介したいと思う。

荘周じしん、言葉は風波《ふうは》のようにアテにならないと言う（人間世篇《じんかんせいへん》）。しかし語らなくては何も始まらないので、「妄言」するから「妄聴」せよ、というのが荘周の基本的態度である（斉物論篇《せいぶつろんへん》）。私もそういうつもりなので、どうか気楽に妄聴、いや、妄読していただきたい。

堅固だった常識が音をたてて崩れ、そこに気持ちよく風波が過ぎ去ればそれこそ私の本懐である。荘周にとっても本懐であれかしと願う。

今回はまず、「礼儀」というものの恐ろしさについて書いてみたい。

『荘子』人間世篇には、なんとあの**孔子**[*1]や**顔回**《がんかい》[*2]が何度も登場し、いろんなことを語るのだが、この発言も孔子のものとして書かれているところが皮肉である。

孔子は、技を競い合う者は、初めは陽気で楽しそうでも、終わりになると必ず陰鬱な悪意をもつようになると語ったあとで、次のように言う。「礼を以て酒を飲む者は、治に始まりて、常に乱に卒《おわ》る」。

つまり、礼儀作法に従って酒を飲む人は、初めこそおとなしく神妙だが、最後は必ず乱れてしまうというのである。

不思議に思うかもしれないが、そもそも荘子にとって礼儀というものは、心がないからこそ必要になる飾りのようなものだ。『老子』には「大道廃《すた》れて仁義《じんぎ》あり。（中略）六親《りくしん》和せずして孝慈《こうじ》あり。国家昏乱《こんらん》して忠臣《ちゅうしん》あり」と述べられるが、つまり仁義や孝慈や忠臣などは、それぞれ大道が廃れ、親族関係が悪化し、国家が混乱してきたために必要になったもので、本来はないに越したことはないというのである。同じように、礼儀など取りざたしなくとも心が通い合うのが一番で、礼儀が重視されるのはすでに心が自然には通い合っていない証拠である。

礼に心が一致せず、形だけが一人歩きしている実例は、あちこちでよく見かける。自分にもできないことを、「決まりだから」と取り締まる警察官なども、酔えば乱になりやすい。また自分がどんな精進《しょうじん》をしているかに関係なく、立場上初めから「先生」と奉られる学校の先生なども、礼と心が乖離《かいり》しないよう注意が必要だろう。

＊1＝前五五一～前四七九。春秋時代の学者・思想家。儒家の祖。堯・舜・文王・武王・周公らを尊崇し、古来の思想を大成、仁を理想の道徳とし、孝悌と忠恕とを以て理想を達成する根底とした。諸国を歴遊して治国の道を説きつづけ、教育と著述に専念。その問答は死後に弟子たちが言行録『論語』にまとめた。

＊2＝前五一四？～前四八三？　春秋時代の魯の学者。孔門十哲の首位に数えられる弟子で、陋巷《ろうこう》での貧乏暮らしをしながら天命を楽しむも夭折。孔子はひどく悲しんだとされる。

誰もいない場でこそ、問われる「礼」

礼は、往々にして心に先行して身につけるから恐ろしいのである。酒が入ると、その隙間がクレバスのように大きく開くのだろう。

儒教の歴史を眺めると、同じ孔子の弟子でも、礼を重視した人々から「性悪説」の荀子《じゅんし》が現れ、孝を重視した一派から「性善説」の孟子《もうし》が出てきている。礼が重視されるとやがて心が蔑《ないがし》ろにされ、細かい決まりと厳罰によって人々を管理しようという発想になる。一連のその流れから出てきたのが秦《しん》の始皇帝《しこうてい》に見込まれた韓非子《かんぴし》である。

こう申し上げると、きっと孝にだって礼が必要だと言う人々もいることだろう。しかし孝における礼は、これ以上落ちないというストッパーにはなっても、こんなに孝が実現しているというバロメーターにはなりえない。孝の気持ちもなく、外聞を気にして品物だけを送るようになると、そこには間違いなく礼が冷たく紛《まぎ》れこんでいるのである。

形のうえでは礼を守りつつ、それとはそぐわない気持ちをあからさまに示す「慇懃無礼《いんぎんぶれい》」というのも、ある意味では礼が引き起こす複雑怪奇な事態かもしれない。

さて酒の場面に話を戻そう。

この国では、飲むときでも座る場所（座位）を論ずる人々がいる。当然、下の者が上の人に酒を注ぎあるくなど、気遣いも多い。しかし酒を注いだりしているうちはまだ礼も崩れにくい。問題なのはそれが一段落して、それぞれ自席に戻る頃合いである。

儀礼的な時間が済むと、どうしても人は本気で話せる楽しい人のところに集まる。場に粗密ができるのは仕方がないことだ。人が目の前にいれば気も遣い、歓談もするだろうが、誰もいなくなったらどうか。

じつはそのときこそ、本当の「礼」が問われるのである。

礼と心が一致し、すっかり「身についた」人は、誰がいなくともすでに自足しており、ゆったりと飲食そのものを楽しんでいる。そこには、最も大切にし、礼を尽くすべき相手がちゃんといるではないか。独りで飲食する姿には、どう隠しても「それ」が露見してしまう。そして身についた「それ」を、荘周は「礼」とは呼ばないのである。

「わかる」ということ

「自然」とは「私」の働きがやんだ状態

「解」という文字をよく見ると、これは「牛」の「角」を「刀」で切り取ることだと気づくだろう。いや、気づかないまでも、そう云われれば、なるほどと思うに違いない。つまり「解」とは、牛にかぎらず、とにかく大きな塊を解体することで内容が「わかる」ことなのだ。

むろん解体して部分がよくわかったからと云って、全体がわかるというものでもない。部分が有機的に組み合わさると、どの部分にもなかった新たな要素が生まれたりもするからだ。しかし直観で全体を感じとる能力の衰えてしまった人間は、どうしても初めは部分にこだわらざるを得ない。あらゆる部分に習熟し、それから再び全体を把握できるように

なるのだろう。そう思いたい。

『荘子』養生主篇《ようせいしゅへん》には包丁使いの名人、丁《てい》さんの話が出てくる。これがじつに人間の「理解」について深い示唆を与えてくれるので、ご紹介しよう。台所で使うあの「包丁〈庖丁とも書く〉」という道具の名前も、じつはこの料理人（庖）、「丁」さんの物語に由来している。

あまりに見事な庖丁さばきに感動した文恵君《ぶんけいくん》に、丁さんは料理人としての修行について語る。

> 牛を解体しはじめた頃は、目に映るのは牛ばかりでした。つまり、どこから手を付けたらいいか、見当もつかなかったのです。しかし三年も経つと、もう牛の全体は目につかなくなりました。近頃はどうやら精神で牛に向き合っているらしく、目では見ていません。感覚器官による知覚もやみ、精神の自然な働きに従って行動しているのです。天理に従い、牛刀は自然に大きな隙間に入っていきますし、そのまま大きな空洞に沿って無理なく進みます。靱帯や腱《けん》に庖丁がぶつかることもありませんし、大きな骨にぶつかることは尚更ありません。

なんとも名人芸だが、ここで丁さんが求めてきたのは、「技」ではなく「道」だという。荘周にすれば、これこそ全ての「道」に共通するプロセスだと言いたいのだろう。

まずは対象に向き合うわけだが、初めは明らかに相手に圧倒されている。「目に映るのは牛ばかり」という状況である。しかし三年も経つと状況は大いに変化してくる。さらりとそう書いてあるが、ここには幾つもの型も覚え、それを繰り返し修練する苦難の時間があったはずである。

無意識にいろんな動作ができるようになってくると、そこに一つの「自然」が生まれてくる。「自《おの》ずから然り」の「自ずから」は、無垢《むく》な嬰児《えいじ》でない以上、習熟して無意識になるしか方法がない。そうして技をすっかり「身につけ」、「自然に」それが出るようになってくると、余計な感覚器官による知覚（官知）がやんでくる。あらゆる感覚には、「わたし」の好悪や是非の判断が絡んでくるから、対象がありのままに感じられない。その「わたし」の働きがやんだ状態こそ「自然」なのである。

自然な人間の前に、ようやく対象の自然も姿を現す。すると隙間も自ずから見えてきて、すかさずそこに刀が入っていく。まるでイチローのバットのように、牛刀は嫌でも行くべきところにしか行かない。だから丁さんの庖丁は十九年使っても刃こぼれ一つしない。普通はどんなに腕のいい料理人でも一年使うのが限度だというのに、である。

「身につく」とは「忘れること」

およそ「道」と名のつくものは、武道はむろんのこと、茶道なども生きた人間が相手だ。丁さんが死んだ牛を解体するようなわけには行かないだろう。さまざまに変化しつづける相手に応じるためには、中途半端な型はむしろ邪魔になってしまう。すっかり身につき、型があることさえ忘れる境地まで行かなくてはなるまい。

お茶に喩《たと》えれば、なまじ中途半端に学ぶと、お茶の素養のない人を接待することができなくなるようなものだ。何も知らなければとにかく相手に喜んでもらおうと発想できるのに、学んだ型が崩せないため、かえって相手に居心地の悪さを感じさせてしまう。

学んだ型は、最終的にすっかり「身につき」、「忘れた」ようにならなくてはならない。「身につく」とは、即ち「忘れること」、忘れてもできてしまうこと、なのである。

そのような境地が、『荘子』には「忘筌《ぼうせん》」という言葉でも説かれている（外物篇《がいぶつ》）。「筌」とは魚を捕まえる道具だが、魚を捕まえてしまったらあとは要らないだろうと云《い》うのだ。

「鬼に金棒」と思えるほど何かの道に習熟しても、使わないときにまで金棒を引きずりまわすようでは甚だ鬱陶《うっとう》しい。良寛が風雅くさき話、茶人くさき話を戒めたのはそのことである。

ああ、さても「わかる」ことは難しい。

曲と直

「役立たず」が「長生き」できる在り方とは

久松眞一《ひさまつしんいち》氏の『茶の精神』（アテネ文庫・弘文堂）によれば、お茶の文化の特徴は以下の七つにまとめられるという。（一）不均斉《ふきんぜい》、（二）簡素、（三）枯高《ここう》、（四）自然、（五）幽玄、（六）脱俗、（七）静寂。

茶室に曲線が好まれるのは、たとえば（一）不均斉や（四）自然から推しても当然だと思われる。そして曲がった自然木であれば、残りの五項目もおのずと満たしているような気がする。

しかし「曲」であるということをもっと根源まで遡《さかのぼ》っていくと、『老子』の「曲なれば則《すなわ》ち全《まった》し」に行き着く。

もともとこれは木材について言われたことで、「直」ならば柱にも床板にも天井にもできるし、役に立つからすぐに伐《き》られてしまって長生きできない。しかしぐねぐね曲がっている木は用材としては「役立たず」だが、伐られないから長生きできる。時には神社のご神木にだってなれる（『荘子』人間世篇《じんかんせいへん》）というのである。

誰も好んでは使わない「曲」なるものを使うことは、（六）脱俗にも適《かな》っている。伐られないはずの木が伐られるのは不幸なことだが、茶室になって長生きするのも一興、そう思ってもらうしかあるまい。

ところでこの「曲」と「直」だが、木のことだけでなく、人間の在り方についても当然敷衍《ふえん》される。その場合はしかし、いったい何に対して「曲」だったり「直」だったりするのか、と深く自問してみる必要がある。

自分の行ない（「彳」）と「心」が「直」に結ばれることを、中国では「徳」の文字で表した。また「耳」から入ったことが「直」に「心」に響くことを「聴」の文字で表す。要するに双方の文字の「四」のように見える部分は、「直」に含まれる「目」を横に向けたのである。

このような「直」は、感覚を否定する老子や荘子もおそらく批判しないはずである。彼らが気に入らないのは、権力やお金など、世俗的な価値に「直」であることではないか。

「曲」も「直」も、両方あってこそ「自然」

『荘子』譲王篇《じょうおうへん》に、**列子**《れっし》*についての面白い話が載っている。

列子は「容貌は飢色《きしょく》あり」と云われるほど生活に困窮していたらしいが、宰相《さいしょう》の子陽《しよう》がそれを聞きつけ、有道《うどう》の士を待遇しない国だと噂されることを怖れて、列子の家に穀物を届けさせたらしい。列子の奥さんはとても喜んだが、列子本人は丁重にそれを断った。困窮のどん底の暮らしなのに、いったいどういうわけで断るのかと詰め寄る奥さんに対し、列子は笑ってこう言うのである。

「殿様は私のことを直接知ってるわけじゃないでしょう。誰かに何か言われて、『あ、そうか』と思って穀物を送ったんです。そしたら別な誰かに何か言われたら、また『あ、そう

*＝春秋戦国時代の道家の思想家。老子よりやや遅れ、荘子より前の人と言われるが、生没年未詳。寓話による語りを用いた著書『列子』があるが、列子死後の事項が多いので、後人による偽作とも言われる。

か』って、今度は私を罪人にしちゃうかもしれないでしょ。そんな贈り物、受け取れませんよ」

はたしてその後、宰相の子陽は民衆の蜂起《ほうき》によって殺されてしまったと結ばれる。

権力、いや、誰の意向に対しても、個人は公務員のように「直」である必要はない。自らの「性（もちまえ）」や「自然」に従えば、自ずと上の者（管理者）からは「曲」（曲者）と見えるはずなのである。

ここには儒家の管理思想に対する、老子や荘子の反骨精神が見てとれる。また同時に、彼らは管理者にとって「役立つ」ことの虚しさも訴えているのだろう。

『荘子』には、有名な」「無用の用」の喩《たと》え話が幾つも書かれている。巨大な瓢《ひさご》や樗《おうち》の木、またネズミを取れない牛の話もあるが、私が好きなのは外物篇で荘周が論敵の恵施をやりこめた話である。

「だいたい、無用についてまず知らなんだら、用の話なんてできまへんで。我々が歩く地面かて、実際に使うのは足が踏む部分だけでっしゃろ。けど、だからってその部分だけ残してあとは奈落の底まで掘ってあったら、あんさん歩けまっか」

なぜか関西弁になってしまったが、ともかくそう言われて恵施はグーの音も出なかった。

地面を「歩く場所」と割り切って恵施は責めたわけだが、じつはそうした「用」による割り切り方じたいを荘周は否定しているのである。

組織があれば当然そこには儒家的な縦の序列が生ずる。上の人のために役立つことも、避けられないことが多いだろう。しかし大切なのは、一つの組織の中の役として生身の個人を割り切りすぎないことだ。「直」も「曲」も、両方あってこそ「自然」ということなのだろう。

そういえば、フラクタル幾何学においては、自然が生みだす最小のラインはすべて直線で、それが集合、成長して曲線を生みだすのだという。人の心も、「直」なるものの組み合わさり方が、たまたま「曲」になってしまうだけなのかもしれない。

第3章

自分自身も無常。「それはそうだ」を常に突き崩そう

無常

無常を生きる本堂

清々しく甦った古い木材

本堂の改修工事が約一年三カ月かかって概《おおむ》ね完成した。本体は築二百十五年だが、茅屋《かや》根にトタンを被《かぶ》せたのが昭和三十八年。そのトタンを何度も塗装し直し、とうとうトタンそのものの寿命が来てしまったため、今回思い切って全体を改修したのである。

工事の過程では、じつにさまざまな発見があった。

まず驚いたのは、内陣《ないじん》の位牌段の裏側の空間が勿体ないから物置に改造しようと、壁を崩したときである。いったいどこから入れたのか、内部（段下）には古い位牌がぎっしり詰まっていた。

明治時代のものから昭和二十四、五年のものまでだから、おそらく昭和九年に入寺した祖父、宗哲和尚《そうてつおしょう》の仕業に違いない。

しかしどうしてお焚《た》き上げをしなかったのか、それは分からない。考えられるのは、「先住職やその前の住職たちが保管しておいたものだから」、事情を知らない自分が処分するのは憚《はばか》られた、ということだが、それなら何故、自分の代で書いた位牌まで入れたのか……。まったく判然としないのである。

さて工事そのもののほうだが、今回の本堂工事では、できるかぎり元々の材料を温存した。漆喰《しっくい》の壁は、いま作り直してもこれ以上強い壁はできないと言われ、表面の塗り直しだけになった。たしかにあの震災のときも、震度六ちかくで揺れながら、表面が一箇所剝落しただけなのだから、相当粘り強い壁なのだろう。また柱や梁《はり》、鴨居《かもい》や浜縁《はまえん》なども、今ではなかなか揃わない立派な材料だというし、「洗い」をかけてそのまま使うことになった。

「洗い」という作業は、私もじつは今回初めて親しく接したのだが、これは本当に凄い。灰汁《あく》を使うこともあるようだが、うちの場合は完全に水だけで洗いつづけてくれた。普通に「掃除」や「雑巾がけ」のようなものを想像されるとしたら、それはかなり違う。存分に水を注ぎ、幾種類もの刷毛《はけ》で汚れを表面に沁《し》みださせ、それをまた洗い落とすと言えば近いだろうか。

そうして甦った木材たちは、じつに清々しい貌《かお》をしている。なんだか風呂上がりのようなのである。新しい建具《たてぐ》が入り、畳が入っていくと、その印象はますます強まるのだった。

時に大胆な工夫で、無常の世を生き続ける

欲が出たと言うべきか、そんな完成間近の堂内を眺めるうちに、要所要所の剝《は》げた漆や金を塗り直したくなった。当初の予定にはなかったのだが、仕上げに漆塗り作業も加わることになったのである。

私としては、漆塗り作業の始まったお盆明け、これで本堂が昔の息吹《いぶき》を取り戻し、見事に甦《よみがえ》ると喜んでいたのだが、ある人がその下の地面を見て、「これは心配ですね」と言うのである。

いったい何のことかと思えば、本堂の下や周囲の土が息ができず、苦しそうだという。「土の息」、「通気性」「空気や水の通りよう」、彼の言うそんな言葉は、言葉としてはさほど突飛《とっぴ》ではなかった。しかし更に詳しくその話を聞くと、実際の病根を具体的に次々と指摘され、ついには自分の認識不足を深く悟ってしまったのである。

近頃の土木工事の多くは、「土の息」への懸念など全くなしに行なわれる。特にU字溝は両側の土の息の出口を塞ぐため、非常によくないという。また石垣も、昔と違って石の隙間をセメントで埋めてしまうことが多い。そのため石の裏側の土の呼吸ができなくなり、土が死んでいくというのである。

土の中の空気が少なくなってくると、木の根は地表近くに伸びるしかなくなり、更に表面まで無酸素化が進むと、嫌気性の苔であるゼニゴケが生えはじめるという。そういえば、本堂の周囲にもゼニゴケの生えた一角があった。

こうなれば、対策も彼に訊《き》くしかない。山梨県からやってきたY氏は、その後仲間を連れてやってきて、数日の間に応急の処置をしてくれたのである。

それは一言でいえば、植物を元気にする処置だった。土の通気をよくするため、深めの溝を掘り、そこに屑炭を撒いて竹や木の枝、落ち葉などを置く。雨落ちの軒下《のきした》といわず、平らな境内部分といわず、まるでモグラの通った穴のように、あちこちに溝を掘ってくれたのである。長々と掘られた溝の斜面部分から通気や通水が始まり、やがて土全体がゆっくりと酸素を増やしていくのだという。

部分的に枯れ始まっていた櫻の木の根元には、エアスコップで深さ一メートルちかい穴を開けた。そこにも炭を入れ、割った花竹を入れて空隙を保持するようにした。

作業をしている数日間はずっと小糠雨《こぬかあめ》が降りつづいていたのだが、そのせいか水の流れや沁み込む様子もわかり、植物が元気になっていくのが目に見えるようだった。

「あ、あの葉っぱ」

Y氏がカメラを片手に、櫻の木を見上げて言った。なるほど彼が指さす枯れ枝には、新しい小さな葉が無数に出ていた。彼は嬉しそうに「あれ、一晩で生えたんですよ」と言った。

根っこの通気が改善されたため、櫻が自ら病葉《わくらば》を落とし、新たな葉を出したというのである。

それが本当なのかどうか、そのときの私は半信半疑で枝先を見上げるだけだったが、しばらく経つと他の樹木たちもはっきりと元気になっているように見えてきたのである。

本堂は、その建てられた大地そのものの治療を終え、画竜点睛《がりょうてんせい》というか、最後の仕上げを済ませたかに思える。無常の世をひたすら長く生き続けるには、なるほど様々な大胆な工夫が時に必要なのだろう。

そう思うと、あの位牌段の裏側に入れてあった無数の位牌も、あるいは戦時中、やむにやまれぬ切羽詰まった事情があってなされた大胆な処置でもあったのかと、そう思えてくるのである。

一期一会

一期一会とは「自然」とともに生きること

ご承知のように、「一期一会」とは井伊直弼《いいなおすけ》（一八一五〜一八六〇）の『茶湯一会集《ちゃのゆいちえしゅう》』を典拠にしている。また、千利休《せんのりきゅう》（一五二二〜一五九一）の弟子、山上宗二《やまのうえそうじ》（一五四四〜一五九〇）が『山上宗二記』のなかで「一期に一度の会」と表した。お茶にとっても禅にとっても、非常に重要な言葉である。

しかしあまりにも見慣れすぎていて、その真意を受け流してはいないだろうか。

たとえば井伊直弼の『茶湯一会集』には、「幾度おなじ主客交会《こうえ》するとも、今日の会にふたたびかえらざる事を思えば、実に我一世一度の会なり」と云う。今日の出逢いは二度とない、一世一度の交会だというのだが、それを素直に認めれば、あらゆる未来への想定が

できない、ということである。

二〇一一年三月十一日に起きた大地震そして津波被害を目の当たりにし、我々は震度七という想定外の揺れと津波に心底慌てふためいた。私の住む福島県三春町も震度五強から六弱。お地蔵さんがあらかた倒れて首が折れた。墓地の復旧には二年以上かかってしまったのである。

むろん、もっと北のほうでは津波による未曾有の大量死を経験し、膨大な建物の倒壊と流出を招いた。まさに「凄惨」と云うしかない。衣食住の全てが「瓦礫」となり、これまでの生涯をかけて築き上げてきたあらゆるものが海の藻《も》屑《くず》と消え、また灰燼《かいじん》に帰した。圧死、溺死、焼死、一瞬のうちにじつにさまざまな仕方で無数の命が奪われてしまった。

連日かつてないほどテレビを視《み》ながら、私は大きな変化の予感のようなものを感じていた。まるで初めての、かつて全く知らなかった世界が訪れるような気がした。そしてふいに「一期一会」という言葉を憶いだしたのである。

自然は常に我々の想定を軽々と超える。だからこそ「自然」なのだ。「一期一会」とは、「自然」と共に生きることを端的に表したのではないか……。人間がいかに精密に想定し、周到に用心しようと、必ずそれを超えてくるのが自然なのだろう。

どんな法則も絶対化できない

『荘子』達生篇には、大亀や鰐《わに》、魚やスッポンでも泳げないほど激しい水流の滝で泳ぐ男の話が出てくる。孔子はそれを見て自殺かと見誤り、弟子たちに流れの岸に沿って救わせようとしたのだが、男は下流から上がってきてざんばら髪のまま鼻歌まじりに遊びだした。孔子は驚いて男に近づき、訊いた。

「鬼神かと思ったら人間じゃないか。ちょっと伺いたいのだが、こんな激しい水流を御するにはなにか秘訣でもあるのかね（請い問う、水を踏むに道あるか）」

「いや、べつに秘訣なんてありませんが、私はただ故《こ》に始まり、性《せい》に長じ、そして命《めい》に成ったまでです。渦巻いたらその水とともに沈み、湧きあがる水につれて浮かびあがり、水の法則にただただ従って私を差し挟まないのです。まあそれが、秘訣といえば秘訣ですかね」

故とは生まれつきの部分、性とはその後の習い性による能力、そして命とは全ての人間を動かす人為の及ばない力のことだ。

たしかに滝の場合はその三つをうまく連携できたのかもしれない。しかし今回の津波ではそうはいかなかった。どんな法則でも絶対化できないというのが「一期一会」の真意である。

自然は人間を謙虚にする。所詮、限られた経験以上のことが今後も起こりつづけるだろう。そう思えば、三十年から五十年も冷却保存し、その後地下三百メートルより深くに三百年間は埋設しなくてはならないプルトニウム燃料の使用など、今後は考えられなくなるだろう。

この世にたかだか百年たらず仮住まいして去っていく人間に、そんな大それた負の遺産を残す権利はないはずである。

これまで湯水のごとく使えて意識さえしなかった空気や電気が、ここに来て急に意識の中心に居座っている。これこそ一世一度の交会である。

翁《おきな》忌《き》に思う

喪失が涵養する「無心」

「翁忌」というのをご存じだろうか。旧暦の十月十二日のことで、松尾芭蕉の命日である。「翁」と呼ばれる人は、この国では神に近い存在として尊ばれている。現代人といえる範疇では、鈴木大拙《だいせつ》翁（一八七〇〜一九六六）、そして百二十歳まで生きた徳之島《とくのしま》の泉重千代《いずみしげちよ》さんなどに「翁」が使われるが、他にも各地に「翁」と呼ばれる先人はいるはずである。

翁の起源は芭蕉よりも更に古く、『今昔《こんじゃく》物語』には神が翁の姿で現れる記述がある。また「春日権現験記絵巻《かすがごんげんけんきえまき》」には実際にその姿が描かれてもいる。

翁とは、単に高齢というだけの存在ではない。金春禅竹《こんぱるぜんちく》の能楽理論書『明宿集《めいしゅくしゅう》』によれば、人間の目には無意識（無心）の状態でのみ見ることができ、意識して見ようとすれば見えなくなる、とある。まるでメーテルリンクの「青い鳥」のようだ。探し求めているうちは出逢えないのである。

芭蕉は、幻住《げんじゅう》派といわれる仏頂禅師《ぶっちょうぜんじ》に参禅して仏法の極意を問われ、「蛙《かわず》とびこむ水の音」と答えて認められたと云う。後に「古池や」と頭につけて句を完成させ、新境地を拓《ひら》いたとされるが、ここにこそ「翁」の風格を見ることができる。この句ばかりでなく、芭蕉は寂滅《じゃくめつ》の境地における無心の命の躍動を生涯かけて描きつづけたのではないだろうか。

老いれば人はじつにさまざまなものを喪失する。肌の張りも視力も聴力も、あるいは知識や友人だって次第に失っていく。しかし同時に、それは矢鱈《やたら》な分別や欲望の消失であり、無心の涵養《かんよう》でもある。全てを喪失したあとの清明な無心の境地を、芭蕉は「古池や」の一言で表し、そこに躍動する無意識の生命力を、「蛙とびこむ水の音」と表現したのではないだろうか。翁の願いは心の寂滅と命の躍動に尽きるのである。

喪失後、問われる生き方

昔から日本人は、さまざまな喪失を単に悲しむのではなく、「わび」「さび」あるいは「かるみ」などと美学に反転させてきた。それは喪失を素直に認めつつ、しかも無心のうちに芽生える小さな命の躍動を愛でる境地である。

今のこの国には、あくまでも喪失に抗《あらが》おうという力《りき》みばかりが目立つ。経済が右肩上がりを続けるという幻想も、アンチ・エイジングの発想と同根ではないだろうか。

よく見れば薺《なずな》花咲く垣根かな

喪失前には目にもとめなかった小さな花に、思わず目が行く。未曾有の原発事故による喪失後、我々がどう生きるのか、神になった芭蕉翁が見つめている。

余白の美

老いによる喪失は、逃れようのない自然

禅宗では修行者の指導に当たる人々を「老師《ろうし》」と呼ぶ。なかには二十代、三十代からそう呼ばれる人もいるが、とにかく免許皆伝になれば、皆「老師」である。

なにゆえここに「老」という文字を使うのか、考えてみよう。

仏教は人生上の苦しみを、「生・老・病・死」と分類した。生まれること、老いること、病むこと、死ぬことである。

一方、人だけでないあらゆる物の発生から死滅までの変化は、「成《じょう》・住《じゅう》・壊《え》・空《くう》」と表現される。発生、継続、喪失、そして空っぽ、ということになるだろうか。

ところで「老」とは、後者の区分では「住」に当たり、生き続けている状態のことであ

る。生き続けていると、いろんなことが起こるわけだが、「老」は単独では意識しにくい。昔から、老人の年齢規定は、五十五歳、六十歳、六十五歳と恣意的に変更されてきた。つまり年齢そのもので「老」は定義できず、大抵は、「病」や「死」を垣間見ることでついでのように「老」が意識される。ある種の喪失体験として「老」は認識される、と考えたほうがいいだろう。

目はかすむ　耳に蝉《せみ》鳴く　歯は落ちる　雪を戴《いただ》く　老の暮哉《くれかな》

ずいぶんひどい歌だが、事実だから仕方がない。

要するに人は、若い頃に獲得してきたものを「老」と共にどんどん喪失していく。それは逃れようのない「自然」である。

喪失してこそ得られる究極の美

話を最初の疑問に戻そう。禅の道場で、指導者を「老師」と呼ぶ所以《ゆえん》である。

禅の道場では、いったいどんな修行をしているのか、「老師」という呼称はそのことに大きく関わってくる。簡単に言ってしまえば、雲水《うんすい》と呼ばれる修行者たちがしているのは、あらゆるものを喪失する体験である。新聞テレビなどの情報から遮断され、それまで築いてきた人間関係も、入門と共に暫定的に失われる。むろん、本やCD、衣類や好きな品々などからも、離れなくてはならない。

話す、書く、見るなど、普段は欲求とさえ呼ばなかった行動まで制限され、入門後しばらくは笑うことさえ許されない。まるでそこには人権という考え方も無きが如く、徹底的に奪い尽くされるのである。

たとえば禅問答に何度行っても「鈴を振られ」、否定される体験は、もしかしたら最近の「就活」以上に酷《ひど》いかもしれない。ただ社会システムとして多数の「就活」入社を斡旋《あっせん》し、大量の失格者を出すのとは違い、そこには明確な思想と、「老師」のまなざしがある。つまり、雲水たちがどれほど喪失したかを、「老師」はじっと見据《みす》えている。そして通常は「老」衰によって失うべきものを、雲水たちは修行によって無理矢理に奪われるのである。

本来、元気でまだまだ獲得すべき年齢の彼らは、時ならぬ喪失に戸惑いながらも、やがて新たな世界観に開眼《かいげん》する。不完全に見えるものへの愛情、自然への深い認識、あるいは

「わび」「さび」なども、喪失を悲しみ反転したあげくの美学だろう。そのような新たな価値観の体得者こそ「老師」なのである。「老」を先取りした人、とも言える。

老「衰」という考え方はそこでは消え失せ、老「練」、老「熟」などと認識し直されている。思い込みで埋まっていた部分が「老」によって抜け落ちて余白になり、その余白こそがじつは無限の対応力の源であったことにも気づいていく。老荘思想で「虚」と呼ばれる余白が仏教の説く「空」にも重なり、それこそが当初から具わっている我々の「仏性《ぶっしょう》」なのだと気づくのである。

日本文化は、老「成」し、老「熟」してこそ完成するものと、前提されている。「不均衡」や「枯淡《こたん》」が褒め言葉になり、究極は「枯れてきましたね」などと讃美されたりする。世阿弥《ぜあみ》の言う「真の花《まことのはな》」もそうだし、芭蕉の「よく見れば薺《なずな》花咲く垣根かな」などもそうだが、晩年になっても人は出番を減らしながら見事な花を咲かすことができる。「よく見れば」咲いている、という密やかな咲き方こそじつは麗しいのである。

しかしなぜよく見たのか、と考えると、おそらくそこには何らかの喪失体験がある。喪失による余白あればこそ、人は再び無心で「よく」見聞きすることが可能になるのだろう。

人間国宝の染色作家である志村ふくみさんは、藍が健全に保たれた場合のみ、最後に

「甕覗《かめのぞき》」と呼ばれるあるかなきかの淡い水色に染まると言う。「枯淡」をSimple Eleganceと訳したイギリス人がいたらしいが、それこそ喪失してこそ得られる究極の美ではないだろうか。

藍のように、健全に生きつづけていけば、「老」の美は自然に宿る。いや、日本人にとっての美とは、おそらく自然に従う感覚と共に自覚されるのである。大切なのは、たぶん喪失による余白に「美」を見いだす感性である。

喪失に抗《あらが》おうとする努力は、時に諦念《ていねん》の欠如として、醜く見える。震災で全てを奪われたあとに昇る朝日をそれでも「綺麗！」と見る人は、すでに立派な「老師」ではないだろうか。

仮設のSさん

先の見えない生活のなかで

このところ、三春《みはる》町の仮設住宅に住む富岡《とみおか》町や葛尾《かつらお》村の方々とおつきあいがある。

二〇一一年の十二月にお寺の「もちつき大会」にご案内を出し、大勢の方々と知り合ったのだが、その後もいろんな機会にお目にかかって親しくおつきあいしている。

翌年の夏には女房が浴衣を寄付してくださる企業などを捜し、やはりご寄付いただいた帯地で葛尾村の方々と帯を作った。町の盆踊りにはその浴衣と帯で踊ってくださったのも嬉しかった。

仮設住宅での暮らしは二年が原則だが、福島県の場合、原則どおり行かないことは当初から分かっていた。いつまで続くのか先の見えない生活は、それだけでストレスの多いものだろう。まして避難後に何らかの病気になってしまった人などは、本当に心細いだろうと思う。

実際、どの仮設住宅エリアにも、殆んどウツ状態で外出もしなくなっている人々がいる。見廻りや声がけなど、意識的な確認が必要になる所以である。

震災も原発事故も悪い事ばかりとは思わない

しかし当然のことではあるが、そんなふうに落ち込んでいる人ばかりではない。

つい今し方も、富岡町のSさんが「ポン菓子」を持ってきてくれた。先日の三春の秋祭りにボランティアで作ったものを、わざわざ食べさせようと持参してくれたのである。このまえは神奈川県に旅行に行ったお土産だと、お茶を持ってきてくれた。そのまえは確か餅だったと思う。年齢的には父親に近く、避難後に腰の手術も受けたりしているのだが、車も運転するしとにかく元気なのである。

Sさんは、「こんな幸せなことはない」と口癖のように言う。三春の人たちに、本当によくしてもらっているというのだ。どうやらすでに親しい知り合いもいるようだが、聞いてみるとそれとは関係ない話のようだ。

「この町に税金も払っていないのに、町の道路を走らせてもらうし、下水も使わせてもらうし、雪が降れば町で除雪もしてくれる」という。「だから買い物は、必ずこの町に昔からあるような商店でする」というのである。

なんだかジンと来てしまった。おそらくSさんの考え方そのものが周囲の心を溶かし、よい人々やよい町にしてしまうのだろう。

「和尚さんの本に書いてあったぞい」と、Sさんは笑う。「ええっと、たしか馬の話だったな」。私は恐る恐る訊いた。「もしかして、塞翁《さいおう》が馬ですか?」「そうそう、それだ」。だからSさんは、今度の震災も原発事故も、悪いことばかりとは思わないというのである。

息子さんにも手伝ってもらい、最初の一時帰宅でSさんはカラオケセットを持ち帰り、集会所に置いて毎週水曜の午後に皆で歌っているらしい。

人間万事塞翁が馬。なるほど震災のお陰で私もSさんと知り合えた。たしかに何が幸いかは判らないものである。

暮らしの中の宗教

他人への受容力を高める正座

　暮らしの中に溶け込んだ、日本人の宗教について考えてみたい。私が書く以上それは「暮らしの中の『仏教』」ではないか、という疑念を持たれるかもしれない。

　それについては、日本人の暮らしに溶け込んでいるものが、必ずしも仏教とは限らない、という私の思いから、と申し上げておこう。

　儀式や法要などとは別な側面から、日本人の暮らしの中の宗教的心性について考えてみたいのである。

　日本人の暮らしにおける宗教性を考える場合、まず私の頭に浮かぶのは正坐《せいざ》という世界で唯一の坐法である。この坐法を除いては、日本人独特の宗教性が見えてこないような気

がする。

むろん、正坐とて仏教由来というわけではない。多田道太郎氏によれば、主君と家臣が同一平面で安坐《あんざ》と跪坐《きざ》で坐り分けていた鎌倉時代を経て、主君の場所にだけ畳が入ることで、同じ坐法で坐ることが可能になったという。そうして発案されたのが正坐で、お茶によってそれが定着したらしい（同氏著『しぐさの日本文化』講談社学術文庫）。（但し、中国の唐から伝わった坐法だという説もある）。

この坐法が、日本人の宗教性にとってなにゆえ重要なのかというと、何より我々の呼吸がそれによって腹式呼吸になり、副交感神経優位に導かれる。そのため、我々は否応なく「安らぎ」を感じ、他人への受容力も高まるのである。

生理学者の有田秀穂氏などの研究結果からも、腹式呼吸が心の受容性を増すように働くことは知られている。そしてこの腹式呼吸へと誘引するのが正坐なのである。

日本人の宗教性の本質にあるのは、私は大いなる「受容性」だと思っている。その背景には、むろん並列する神々（八百万の神）を対等に重んじる古代神道《しんとう》的な思考もある。これは重要な要素だろう。また鈴木大拙氏の言うように、浄土教の説く「無縁の慈悲」の影響もあるだろう。夕日の如く、すべてを受け容れる阿弥陀如来《あみだにょらい》を信仰するわけだから、受容性はその面からも涵養されるはずである。

しかし私は、正坐という坐り方そのものが、我々の受容性や寛容さに大きく関与していると思うのである。

我が禅宗の修行道場では、基本的に坐禅という坐り方をする。坐禅はじつに個人主義的である。つまり、なにか用件があったとしてもすぐには立ち上がれない。いや、むしろ、そうした世俗の用事など忘れて坐るのが坐禅だろう。

一方、正坐にはじつに社会性がある。そのまま無念無想になることも不可能ではないが、正坐はそもそもいつでも立ち上がって用件に対応できる。別な言い方をすれば、坐っていても周囲のことが気遣われているということである。大袈裟と思われるかもしれないが、坐禅が自己解脱《げだつ》型だとすれば、正坐は待機型、いや、時には衆生《しゅじょう》救済型とさえ言えるかもしれない。

正坐するかぎり、日本人は仏教徒であれキリスト教徒であれ、日本人的寛容さや受容性を併《あわ》せ持つことになる。教義とは関係なく、生理的な要請としてそうした心性を持つことになると思うのだが、如何《いかが》だろうか。

「無常」を行動化したお辞儀文化

日本人の生活習慣で、次に宗教性を感じるのはお辞儀である。

世界にはさまざまな挨拶《あいさつ》があるが、相手に対面してあらためて頭を下げる民族はけっこう珍しい。

この習慣について、哲学者の上田閑照《しずてる》氏は「禅で言う寂滅現前《じゃくめつげんぜん》なのだ」とおっしゃっているが、慧眼《けいがん》だと思う。

客に向き合うには、まずそれまでの自己を寂滅させ、ニュートラルな状態に戻ってあらためて逢うべきだということだろう。

客が来たとき、たとえば夫婦喧嘩をしているかもしれない。あるいは嬉しいニュースで歓喜《かんき》雀躍《じゃくやく》しているかもしれない。しかしいずれだとしても、全く別件で訪れた客に、その顔を披露することはない。敷居の前で深々と頭を下げ、顔を上げたときは生まれ変わった「初心」で向き合うべきだと考えたのだろう。

敷居とは、我々を生まれ変わらせてくれる結界でもあるから、踏んではいけないのである。

こうしたお辞儀文化は、もしかしたら「無常」を行動化したものではないか……、そんなことも思ってしまう。

つまり、昔から天災の多かった日本人にとっては、「諸行無常」は他人事ではなかった。昨日まで元気だった家族・親族が、あるいは噴火や地震で亡くなり、あるいは津波に押し流されたり、火事で焼け死んだりすることもあったはずである。

歓喜雀躍ではなく、むしろ悲しみを振り切るためにこそ、お辞儀したのではないか。沈む心を、お辞儀のうちになんとか立て直したのではないか。

忘れようとしても忘れることのできない「面影《おもかげ》」を、我々はどうしても「なつかし」む。この二つの言葉も古代から使われた典型的な和語である。

しかし面影をなつかしみつつも、人前ではあえて自ら「無常」であろうとし、寂滅現前して平常心を取り戻したのではないだろうか。

無常を挨拶にし、お辞儀という行為にまで移した日本人

こうした考え方は、「こんにちは」という挨拶言葉にも滲《にじ》みでている。「今日は」という珍しい挨拶には、他言語の挨拶のように分かりやすい「祈り」の言葉が見当たらない。つ

まり「ボンジュール」の「ボン」、「グーテンモルゲン」の「グーテン」、「你好」の「好」のような、「願い」がはっきり見えないのである。

しかし日本人は、ただ曖昧に何の願いもなく「こんにちは」と呼びかけているのだろうか。それは違うと思う。

何より「こんにちは」は、「こんにちも」ではないことが肝要である。今日は、昨日とは全く違う日であれと、我々は祈っているのではないか。もっと言えば、「は」という強調の副助詞は、「こそは」に置き換えてもいい。じつはこの挨拶言葉にも、昨日までとは打って変わり、生まれ変わることが願われているのである。

お辞儀が「無常」を行動化したものだとすれば、「こんにちは」は「無常」の言語化である。

お辞儀とそこに添えられる挨拶言葉は、共に連動しつつ、相手に虚心に向き合うことを示唆している。これは結局のところ、正坐にも通じる「受容性」であり、また相手への寛大な心配りではないか。

先に私は、なにげなく「初心」と書いた。これは世阿弥の『花伝書《かでんしょ》』にも登場する重要な言葉である。世阿弥は年齢に応じた初心があるのだと言うが、戻るべき初心は、なるほどその時々の「無心」であるほかはない。

そして千利休はそれを「もとのその一」と歌った。

稽古とは　一より習ひ十を知り　十よりかへる　もとのその一

日本人は、事あれば「一から出直す」ことを心がけてきた。

稽古の場合も、習ったことを繰り返し、無意識にできるようになったその時点で、「もとのその一」に返ることになる。要は、完全に「身につく」ということだろう。そしてまた何かを身につけた上に新たな学びが始まる。

別な言い方をすれば、これは決して完成しない、ということでもある。

日本の美は、完成に見出されるのではなく、むしろ常に完成を求めるプロセスのうちに発見される。禅では「百尺竿頭《ひゃくしゃくかんとう》に更に一歩を進む」というが、ある種の均衡を破って我々は常にダイナミックに動きだそうとするのである。

二〇一一年の東日本大震災においても、東北の人々は悲嘆に暮れつつもそれを束の間に「天命」と受けとめ、大いなる変化の契機と捉えた。久しかった安定をむしろ反省し、悲しみを寂滅させて再び立ち上がったのである。

世界が賞讃した秩序と忍耐の背景には、じつはそうした心性が働いていたのだろうと思う。

無常を挨拶にし、お辞儀という行為にまで移した日本人だが、むろん無常に変化してくれないものもある。

喪失の悲しみは、忘れようと思っても簡単には忘れられないし、また逆に忘れるまいという心情も一方にある。先の「なつかし」き「面影」を、誰もが引きずってしまうということである。

こうした、無常ならざる心性のことを、日本人は「もののあはれ」と呼んだ。本居宣長《もとおりのりなが》（一七三〇～一八〇一）は、人情や世の中のことを知らなければ「もののあはれ」は分からないと述べるが、ここでの「もの」とは、植物、動物、果ては無生物も含んで、感応しあう存在の全てを含むのだろう。

おそらく、人は「なつかしむ」心情が強ければ強いほど、自らは無常に変化しようとする。変化を肯定する仏像の代表的なものが三十三変化《へんげ》する観音さまだが、観音さまがこれほどまでに日本人に好かれ、この国に無数に存在する所以である。

宗教という言葉は、当初英語のReligionの訳語として用いられるようになった。Religionとは本来一神教のことだから、こうした日本人の宗教心については、じつは規定外の事態ともいえる。

Religionの観点から、日本人は自ら無宗教だと思う人々が多いようだが、以上からお分かりのように、全くそのようなことはない。

いや、むしろ、日本人ほど宗教的な民族も少ないのではないか。ただ、我々の宗教的心情は挨拶言葉やお辞儀にまで深く浸透し、「もとのその一」に含まれてしまったから、外からはなかなか見えにくい。我々はそうした独自の宗教心に、もっと自信を持つべきなのである。

「風流」の境地へ

人は不幸な体験さえも無常に変化させる

人の運不運、幸不幸などというものは、つくづく分からないものだと、近頃思う。

私は福島県に住んでいるため、東日本大震災では地震の被害もあったし、放射能の問題でも呻吟《しんぎん》した。それはむろん幸運ではなく不運だったのだろうし、けっして幸せな体験ではなかった。いや、放射能の問題はまだ過去形にはならず、今もさまざまな不幸を県内外に作りつづけているように思える。

しかし、人間万事塞翁が馬じゃないけれど、こうした体験もその後の時間のなかでどんなふうに変化するのか予測もつかない。おそらく人は、不幸な体験さえもいつしか咀嚼《そしゃく》し、無常に変化させてしまう、優れて生産的な生き物なのだろう。

なにより『方丈記《ほうじょうき》』との出逢いが、私にとってはこの震災のお陰だった。二十代に読んだときはそれほど実感も湧かず、特に感動した覚えもなかったのだが、震災後に親しい編集者に勧められて読むと全く別物だった。読みながら自然に涙が溢れてきたことが、今でも忘れられない。

また私自身、震災から二年の間に六編の短編を書き上げ、『光の山』（新潮社）として刊行することができた。むろん『方丈記』には比すべくもないが、それでも私にすれば震災ゆえの奇跡的な達成だったように思える。悲しくとも嬉しくとも、たぶんそれをどんな体験にするかは、私の自由なのだ。

失意から導かれた、執着を発生させない予防型の暮らし

鴨長明《かものちょうめい》という人は、じつに集中的に不幸な体験をした人である。二十三歳で「安元《あんげん》の大《たい》火《か》」、二十六歳で「治承《じしょう》の辻風《つじかぜ》」、同じ年に「福原遷都《ふくはらせんと》」、二十七歳で「養和《ようわ》の飢饉《ききん》」、三十一歳で「元暦《げんりゃく》の大地震」というのだから誠に立て続けである。しかもこれらは全て、ごく近い京阪地区での出来事なのだから凄い。

これほど災難に遭いつづければ、たいがい価値観も変わるだろうと思う。まして人生行路も、けっして順調ではなかった。由緒ある神社の神官の息子に生まれたものの、親族の妨害にあって神官への道は閉ざされる。やむなく和歌や管弦の道に励み、三十四歳のとき『千載和歌集《せんざいわかしゅう》』に一首が採用になるのだが、この和歌管弦の道こそが、その後の長明のプライドと楽しみの糧《かて》になっていくのである。

遁世《とんせい》の理由は、たいてい「世の無常を感じて」というのが多いが、鴨長明とて例外ではなかっただろう。親族を含めた人間関係への失望、そして通常の立身が叶わなくなった失意が大きかったと思える。

災害も多く、望みも持てない世の中に生きるにはどうしたらいいのか……。結論は意外にあっさり導かれたような気がする。

最近は「免震」構造が地震への対応策として注目されているが、あらゆる災害に有効なのはいわば心の「免震」、あるいは免震的な生き方である。壊されてもあまりショックを受けないような生活環境と心構えを、予《あらかじ》め作ってしまうのである。それが五十歳からの、長明の大原での暮らしぶりであったに違いない。

モデルにしたのは『維摩経《ゆいまきょう》』の主人公、維摩（ヴィマラキールティ）が住んだとされる

「方丈」である。そこは一丈四方の非常に狭い空間であるにもかかわらず、心に執着のない維摩が住むと無限の広さをもつようになる。

鴨長明に執着がないとはけっして言えないが、ともかくコンパクトで移動可能な住まいに長明は住む。これなら壊れてもさほどショックもなく、移動できるから土地への執着も発生しない。だからこれこそショック予防型の万全な暮らしだと、彼は思っていたに違いない。

実際、五十四歳の頃には大原《おおはら》から日野《ひの》へ、洛北《らくほく》から洛南《らくなん》のほうに転居している。庵《いおり》もさらに小さくなり、明らかに彼は維摩の「方丈」を強く意識するようになったはずである。「事を知り、世を知れれば、願はず、わしらず、ただ静かなるを望みとし、憂へなきを楽しみとす」

じつにもう静寂な、小欲知足な生活を送っていたかに思えるのである。

しかしよくよく読み進んでいくと、どうも長明さんは少々強がっている。どうやら彼のあまりの生活の変化に、友達は呆《あき》れて近づかなくなり、召使いも辞めてしまったのだろう。長明さんはひとしきり友人論、召使い論をぶち上げる。

友人たるもの、「なさけあると、すなほなる」友こそ愛すべきなのに、金持ちや愛想のいい相手とばかり親しくなりたがる。そんな世の中ならば、人間より楽器や花鳥風月を友にしたほうがマシじゃないか。また召使いだって、給料が高くて保険まで揃えてくれる主人ばかりを望み、優しく労《いたわ》る主人の下で不安なく安らかに暮らせることを望みはしないのだ。ああ、あいつらは本当になにも分かっちゃいない……。

私には、悲痛な叫びのようにも読めるのだが、そのおかげで長明の孤独な暮らしや自給自足的な生き方にもどんどん磨きがかかる。

「もし、なすべき事あれば、すなはちおのが身をつかふ」

勿体《もったい》ぶってそう言うが、我々には当たり前のことである。しかし平安貴族的な生活に慣れていた長明にすれば、自分の足で歩くことさえあまりなかったかに見える。

「もし、歩《あり》くべき事あれば、みづから歩《あゆ》む、苦しといへども、馬鞍牛車と、心を悩ますにはしかず」

きっとこれも、以前は召使いがしていたことだから、自分では歩くしかできないのだろう。だいいち牛に牛車、馬や鞍を揃えるのにもそれなりにお金がかかる。

そこで近所の童《わらべ》を伴に山歩きまでするようになり、彼はきっと本物の自然の魅力にも気づいていくのだ。

どうやらこの本には、自然の脅威は勿論だが、その美しさや恵みも余すことなく描かれている。

また「無常」なる人と栖《すみか》とがメインテーマではあるものの、自然の見せる無常なる姿の美しさも充分に描写されている。

長明の心の拮抗を表した「あはれ」

一箇所だけ「あはれ」と表現された部分に私の目は惹《ひ》かれた。

「いとあはれなる事も侍《はべ》りき」

そう言って長明は、忘れがたい光景を綴《つづ》るのである。

それは飢餓の際の描写なのだが、深く愛する妻や夫をもつ者は、その思いが深いほうが必ず先に死んでいった。長明はそう分析する。それはようやく手に入れた食べ物でも、自分は二の次にして相手に食べさせようとするからだろう。親子なら、当然のように親のほうから死んだ。また母親が死んだことも知らず、いとけない赤ん坊が乳を吸ったまま横たわっていたこともあったというのである。

おそらく、そうした光景を長明は実際に見てしまったのだろう。そして彼は、その光景が忘れられず、また忘れたくないのである。

「あはれ」という言葉は、どうにも訳しにくい。感情の方向は、感動であったり驚きであったり悲しみであったりもする。しかしどんな感情であれ、それが忘れがたく深く強く心に染み入ってきている状況を表すのだと、私は思う。

つまり、「無常」という変化しつづける状況からすれば、むしろそれは逆行する心の動きなのだ。

忘れたいことも多くあり、実際忘れてもいくだろう。しかし一方で、忘れてはいけないし、忘れたくないことも必ずある。そうした心の拮抗《きっこう》を、私はこの描写に感じたのである。

東日本大震災においても、それは同様である。

震災直後の陛下のお言葉にもあったように、被災地の人々はじつに雄々しかった。なけなしのおにぎりや水を上手に分け合い、まるで『華厳経《けごんきょう》』の「自未得度先度他《じみとくどせんどた》」のように、自らの苦しみを棚に上げて人を救済する姿も多く見られた。私もこれは忘れたくないし「あはれ」だと思う。

しかし時間が経ち、行政や組織への不満が出てくるようになると、あまり目にしたくもない、語りたくもないような事態も出現してくる。ことに原発事故を巡る補償という、財物やお金の問題になってくると、全く底が見えない。

『方丈記』の時代には、むろんそのような補償や賠償などなかったわけだが、それはむしろ全てが「天災」と割り切れたということで、かえってスッキリしている。「人災」の部分が加わり、「責任」という厄介な問題が発生したから、事態はややこしいのである。

地震が当時は「なゐ」と表され、『日本書記』には「那為」と表記されるが、これも「那（あの方）が為《な》さること」の意味ではないだろうか。「那（あの方）」とはむろん「天」で、それなら諦めるしかない。

すべて天のしわざと思えない現代は、むしろ不幸の度合いが増しているのかもしれない。なにより土地が、神さまのものではなく、人間個々に属することを認めるようになった。いったい地上は何メートルまで自分のものなのか、地下は何メートル下まで所有しているのか分からないままに、不動産として売買されている。中世に芽生えた「入会《いりあ》い地」の思想も廃《すた》れ、共同所有地さえ無数の人々の連名登記になってしまったのである。

方丈記型の可動式の庵を作ったところで、おそらく今は自分で土地を買うか借りるかしないと、設置さえできないはずである。

無所有に近い隠者の生活は、現代では真似ることさえ難しい暮らしなのである。

自分の信念さえも執着の別名

鴨長明が自信をもって勧めるコンパクト・ライフではあるが、それはそのまま現代に繋げられるものではなかった。ならば私は、この本の何に感動したのか。どうして涙が出てきたのだろう。

それはたぶん、『方丈記』のラスト近くに現れた作者の「ゆらぎ」のせいである。

鴨長明は、つらつら世の無常を綴り、自らの選んだコンパクト・ライフを詳述したうえで、以下のように言い切る。

「それ、三界《さんがい》はただ心一つなり。心もし安からずは、象馬七珍《ぞうめしっちん》もよしなく、宮殿楼閣《くうでんろうかく》も望みなし。今、さびしきすまひ、一間の庵、みづからこれを愛す」

誰が何と言おうと、自分はこの庵暮らしを愛すると言い、どうせ誰にも理解してもらえないだろうと、「鳥にあらざれば、その心を知らず」などと『荘子』まで引用して孤高を謳うのである。

しかし、はて、こんな強い主張をしてしまったけれど……、ふいに長明の心に仏教徒としての反省が兆《きざ》す。

「仏の教へ給《たも》うおもむきは、事にふれて執心《しゅうしん》なかれとなり、今、草庵を愛するも、閑寂《かんじゃく》に著するも、障《さは》りなるべし」

そう。仏教は、世が無常であればこそ、同じ事態は二度と来ないと考えている。過去の経験から対策を練り、今後の指針を導くことは無駄ではないが、それをマニュアルのように絶対化してはいけないという教えなのである。自分のもった信念さえも、執着の別名であることに、長明は気づいたのだろう。

執着を離れればこそ、維摩の一丈四方の庵は無限の広がりをもった。ふと気がつくと、自分の庵のいかに狭いことか……。

『方丈記』が成立するより百年以上まえの十一世紀、中国の白雲守端《はくうんしゅたん》禅師はすでに「風流」という言葉を使っている。

これは本来「ゆらぎ」という意味で、目の前の現実に合わせて自身がゆらぎながら重心を取り直すことである。

ある程度信念を持つことは、むろん必要なのだろうが、状況を見なくなるとそれも単なる執着に堕する。まるでマニフェストを述べるように、自分の獲得した理想の暮らしについて述べ立てていた自分が、急に恥ずかしくなったのだろう。長明は深く反省し、「汝、すがたは聖人にて、心は濁《にご》りに染《し》めり」とまで自分を責める。

そうして長明は、深夜の庵のなかで静かに深く思考し、今後も「ゆらぎ」つつ「自然」に任せるしかないのだと気づく。面倒くさそうに「南無阿弥陀仏」と二、三回称《とな》えた、というのだが、何十回も称えたらそれも執着になってしまう。一度も称えないではこの気づきを届ける相手もいない。……そういうことではないだろうか。

今回、震災から二年を経て読み直してみると、やはりこの長明さんの態度こそ理想ではないかと思える。

現場を見て、状況の変化を見ながら、間違っていたと思えば計画も変えていいのだ。ゆらぎながら、新たな重心を常に捜し、そのときに一番いいやり方を、模索するべきではないか。

果たしてこのラストにおける長明さんの悔悟が、著述として計画的になされたのかどうか、それは私にも判らない。しかし著者が最終的にこの形で残した以上、それは著者の明確な主張として読むべきだろう。

あなたが自信をもちすぎていることじたいを反省せよ。それこそが震災後の最大の心得だと、長明さんは言いたいのではないだろうか。

それは同時に風流の勧め、果てしなきゆらぎへの誘《いざな》いでもある。

第4章

人間に完成はない。一歩を踏み出せば無限の可能性が広がる

無限

秩序と無限

これ以上ないほど不自由な場所で、自由を学ぶ

修行道場というところは、およそ不自由だらけの場所である。早朝の起床から夜中の就寝まで、なにかにつけてうるさい決まり事ばかりだ。しかも起きて半畳、寝て一畳という狭すぎる個人スペースで、プライヴァシーなど全くない。全てが公の時間といっても過言ではないのである。

ではそうした場所で、修行者たちは何を学んでいるのか、というと、私は「自由」なのだと思う。

これ以上ないほど不自由な場所で、自由を学ぶとは、どういうことか。

修行も二年を過ぎた頃、私はふいに気づいたのである。

基本的にここで制限されているのは、行為だけではないか。行為の結果、どう感じるかは、まったく当方の自由なのだ……。

そう。秩序は決められた行為によってもたらされる。世の中では、上司に考え方まで押しつけられ、それを教育と呼んでいる会社も多いようだが、それを思えば道場ほど自由な場所もない……。むろん行為が招き寄せる自然な考え方は期待されているのだろうが、少なくともそれが言葉として強要されないのはありがたい。

そんなことを思った背景には、間違いなく自分の中での「行為の習熟」があった。経験を重ね、行為そのものに慣れてきていたため、ほとんど無意識にできることが多くなっていたのである。

もともと長い禅宗の歴史の中で生き残ってきた規矩《きく》（道場の決まり）だから、当然ながら集団生活にとっては合理的な内容である。当初は外から押しつけられた決まりでも、習熟するうちに内在律化していくのだろう。「左進右退」という動き方も、食事中音を立てないことも、しばらくするとみな必然と思えてくる。人間、こうあるのが自然じゃないか、とまで思えてくるのである。必然と感じ、自然になったことで、不自由は自由に反転したと言えるだろう。

迷う余地のない制約で、無限に本性を発揮

後に鈴木大拙博士の言葉（『世界の禅者』秋月龍珉〈岩波書店〉）を読んでいて、それを端的に把握できた。博士は円覚寺《えんがくじ》の釈宗演老師《しゃくそうえんろうし》のもとで「無字」で見性《けんしょう》を体験し、その後渡米してから『碧巌録《へきがんろく》』＊などに出てくる「ひじ、外に曲がらず」という言葉に触れ、深く感じ入ったらしい（原文は、「臂膊《ひはく》、外に向かいて曲がらず」）。

人間のひじは、内側にしか曲がらない。それは人間であることの、必然的な制約である。一瞬、どの方向にも曲がるのが自由のように思え、一方向に限定されているのは不自由とも思いかねない。

しかし、おそらくそうではないのだ。

「なあるほど、至極あたりまえのことなんだな」

「そうだ、ひじは曲がらんでもよいわけだ、不自由（必然）が自由なんだ」

と大拙翁は呟く。

思えば重いものを持ち上げられるのも、ハンドルを速やかに回せるのも、あるいは餅が搗《つ》けるのもキーボードを打てるのも、みなひじが外に曲がらないからではないか。無限の妙用《みょうゆう》が湧き出てくるのも、すべて必然としての制約のお陰なのだ。

大拙博士はまた「現代世界と禅の精神」という論考のなかで、次のようなことも語っている。

「自由の本質とは何か。これをきわめて卑近な例でいえば、松は竹にならず、竹は松にならずに、各自その位に住すること、これを松や竹の自由というのである。これを必然性だといい、そうならなくてはならぬのだというのが、普通の人々および科学者などの考え方だろうが、これは、物の有限性、あるいはこれをいわゆる客観的などという観点から見て、そういうので、その物自体、すなわちその本性なるものから観ると、その自由性で自主的にそうなるので、何も他から牽制を受けることはないのである」

長い引用になってしまったが、要するに大拙翁によれば、松が松であり竹が竹であることと、ひじが外に曲がらないことは、同じように本質的な制約である。人間ならば、間違いなくひじは外に曲がらない。それが人間としての必然であるからには、迷う余地も、逡巡する暇もない。つまり松も竹も人も、迷わず逡巡せず、じつに自由に本性を発見して松

＊＝中国の仏教書。宋時代（一一二五年）に圜悟克勤《えんごこくごん》によって編された。『仏果圜悟《えんご》禅師碧巌録』、『碧巌集』とも呼ばれる。特に臨済宗において尊重される、代表的な公案集。全十巻。

や竹として育ち、ひじを曲げないのである。

大拙翁はこれを「即非の論理」として膨らませていくが、ここでは詳しくは触れない。ともあれ、道場を出た今も、私は僧侶である制約や必然に、感謝することが多い。特に着るものについて、いつでも迷う余地がないことが非常にありがたい。

出かける用事と季節によって、法衣《ほうえ》の種類も着物の色もすべて決まる。似たような衣類をたくさん持っているわけでもないので、迷う余地なく準備できるのだ。これしかない、といういわば絶対的な制約のもたらす無限に自由な感覚、おわかりいただけるだろうか。

無限とは大袈裟に聞こえるかもしれないが、少なくともきっかりした決まり（秩序、必然）どおりにしていれば、衣類のことは全く気にせずに済む。そのとき私の思考は、良くも悪しくも無限に広がっている。

最も不自由で困るのは、「今晩なにが食べたい？　なんでも自由に言って」という心優しい質問なのである。

次の一歩——死ぬまでにやっておきたいこと

絶え間なく、築きつつ、歩みつづける

『臨済録《りんざいろく》』に、「途中に在りて家舎《かしゃ》を離れず」という言葉がある。誰しも歩んでいる最中は「途中」である。しかしたとえば、右足が宙に浮いていれば、左足は必ず大地を踏みしめている。逆もまた然り。つまり片足が地に着いていればこそ、もう片方を途中に浮かせて進むことができるのだ。人生も、そういうものではないだろうか。

今現在の景色から、今後死ぬまでにしておきたいことなどを深く考えてみても、あまり意味はない。なぜなら我々はそうして絶え間なく歩みつづけるのだし、随《したが》って景色も変わりつづけるからである。

しておきたいこと、しなくてはいけないことは、むしろ歩くという行為によって次々に発生する。今まで見えなかった景色が現れ、会ったことのない人にも出会う。ときには上げた足が予定通り下ろせないことだって起こるだろう。そんなときは、大地に残した足に重心を戻し、瞬時に次なる家舎を探さなくてはならない。

いま足を置いたそこが束《つか》の間《ま》の家舎になる。それは家族との一言であったり、友人への笑顔であったり、また美しい自然の景色であったりするのだろう。いずれにしてもそこに安らぎを感じたすぐあとには、それを軸足にしてもう次の一歩を踏み出している。

死ぬまでそのような歩みがつづくのだと思う。

人生は先が見えないからこそ面白い

歩みつづけられなくて倒れることが死だとするなら、その直前には重心も傾いて体勢もくずれ、リカバーしたくてもできない、という事態が誰にでも発生しているはずである。その意味では皆、やり残しをそのまま残して死ぬのだろう。懸命に歩きつづけてそのように倒れることを、どうして恥じることがあるだろう。要は、やり残しさえ教えや愛嬌とみえるような関係を、出会う人々との間に築きつつ歩むことではないか。

京都の妙心寺開山《みょうしんじかいざん》である関山慧玄《かんざんえげん》禅師は、八十四歳で後のことを弟子に任せ、もう一度行脚《あんぎゃ》に出るべく旅姿で井戸端に立ちつくしたまま、立亡《りゅうぼう》されたという。まさに「途中に在りて家舎を離れず」。最後まで上げようとした足が、たまたま上がらなくなったのが禅師の死だったのである。

自分の死のプランを細々《こまごま》と立て、周囲に迷惑がかからないようにと考える人が近頃は多いと聞く。しかしどんな生き方でも死に方でも、周囲には迷惑に決まっている。そんな気を遣うより、私には次の一歩をどこに置くかが大事だ。きっと死ぬまでそうだろうと思う。いや、これだって変わるかもしれない……、か。どう考えても、人生は先が見えないからこそ面白い。だからこそわざわざ生きるに値するのだと思う。

梅的、桃的、桜的。

鍛えるほどに美しくなる梅、
意思や努力を超えた世界を感じさせる桜

西日本で桃の季節が訪れるころ、東のほうではようやく梅の季節を迎える。暖かい地域では梅・桃・桜の順に咲くが、私の住む福島県あたりでは桃が必ず桜よりも後に咲く。梅・桃・桜はそれぞれ独特のイメージを喚起するが、今日はそぞろにそんなことを考えてみたい。

梅は寒いほど香りが強くなると云われ、剪定《せんてい》が欠かせないこともあって、儒教的な印象が強い。鍛えるほどに美しくなる、ということだろう。もともと「美」という文字は、生《い》け贄《にえ》としての「羊」が「大」きいことだから、精進《しょうじん》努力や悪環境さえ讃《たた》えられる。梅は、そうして鍛えられたごつごつの幹に、清廉な香りで花咲くのである。

芭蕉《ばしょう》の弟子、其角《きかく》（一六六一〜一七〇七）は「梅が香や乞食の家も覗かるる」と詠《うた》ったが、梅はそんな庶民性も感じさせつつ、しかも君子の風情も漂わす。

また北条早雲《そううん》は兵士たちの懐中《かいちゅう》に梅干しを持たせ、いざという時に戦意を鼓舞するため用いさせたというが、梅干しばかりでなく、梅の木ぜんたいからそのような鼓舞する空気が伝わってくる。一言でいえば自らを厳しく「律する」生き方だろうか。

次なる桜は、三つの花木のうちでは唯一の国産。平安時代、紫宸殿《ししんでん》の前庭にあった梅と橘《たちばな》が、国風意識の高まりから桜と橘に植え換えられたというが、桜には当時一世を風靡《ふうび》した浄土教のイメージがどうしても付きまとう。この世ならざる世界、とでも云えばいいか。開ききった花弁の透き通る美は、「美」というよりむしろ「麗」と呼ぶのが似つかわしい。「咲く」「麗《うらら》」が縮まって「さくら」になったという語源説もあるが、それは梅と違って意思や努力を超えた世界を感じさせる。

一気に咲いて一気に散る。そこも日本人には人気の秘訣なのだろう。「無常」であるがゆえの束の間の「祝祭」、そんなイメージが桜にはある。

無邪気で疑うことを知らない、天真爛漫な桃

梅が儒教、桜が浄土教であるなら、桃は間違いなく禅のイメージだ。しかもそれは中国の江南地方から伝わった本来の「頓悟禅《とんごぜん》」である。

禅は五祖弘忍大満禅師《ぐにんだいまんぜんじ》のあと、六祖慧能《ろくそえのう》の南宗禅と神秀《じんしゅう》に伝わった北宗禅《ほくしゅうぜん》に分かれるのだが、頓悟を強調した南宗禅だけが日本に伝わった。実際そのとき、禅は江南地方から枇杷《びわ》やお茶のほか、蟠桃という桃の木も将来しているのである。

慧能と神秀の偈《げ》の違いにも明らかなように、頓悟禅は本来無一物《むいちもつ》で汚れようのなかった心に気づくこと（頓悟）を重視し、一方、神秀の伝えた北宗禅は漸悟禅《ぜんごぜん》とも呼ばれ、心の初期状態は清浄だが、それは汚れやすいものだから日々に払拭《ふっしょく》することが大事だとする。戒律禅とも呼ばれる後者はどちらかと云えば梅に近い。やはり中国北方で育まれた思想には儒教的な雰囲気が混入するのだろうか。

江南の南宗禅、頓悟禅こそ桃のイメージだと申し上げたが、もう少し詳しく考察してみよう。

中国の故事成語に「牛を桃林の野に放つ」という言葉があるのだが、これは周《しゅう》の武王《ぶおう》が殷《いん》との戦争の終わりを告げるため、それまで輸送用に拘束していた牛を桃の林に放った故

事に拠《よ》っている。いわば武装解除後の、平和で文化的な世の中を象徴する言葉である。

また中国古代の詩を集めた『詩経』には、有名な桃の歌がある。

「桃の夭夭《ようよう》たる、灼灼《しゃくしゃく》たりその華、之《こ》の子于《ゆ》き嫁がば、其の室家《しっか》に宜《よろ》しからん」

明るく天真爛漫な女の子が見えるようだが、そんな娘が嫁いだ家は、きっとうまくいくだろうと云うのである。後半まで読むと、彼女が案外毛深く、野性味溢れた少女にも思えるのだが、要するにここでは、少女の無邪気さ、無垢さが、桃の花に喩《たと》えて讃《たた》えられるのである。

日本でも、八世紀の詩人であり、政治家でもあった大伴家持《おおとものやかもち》（七一七？～七八五）は桃の花に同化した少女を次のような歌に詠《よ》んでいる。

　春の苑紅《そのくれなひ》にほふ桃の花下照る道に出で立つをとめ

ここでは紅に咲く花弁を透かし、眩《まば》ゆいばかりの陽光が少女を照らしている。彼女はけっして梅のように鍛錬されて分別を身につけた人ではなく、また桜の如き恍惚も体験してはいない。ただただ無邪気で元気で疑うことを知らない純情な少女である。

そんなこと、どこにも書いていないとおっしゃるかもしれない。しかし桃にはすでにしっかりそんなイメージが染《し》みついている。道元禅師《どうげん》（一二〇〇〜一二五三）もこんな歌を詠まれている。

春風に綻びにけり桃の花枝葉に残る疑いもなし

頓悟と無邪気の関係、おわかりだろうか。

梅、桃、桜の時間があって、人生は充実する

ところでこの疑いを知らない無邪気さは、やがて邪気を退散させる絶大な力と認識されるようになる。

悪疫邪気を退散させる追儺《ついな》（鬼やらい）では桃の枝を引きずって町中を練り歩き、また災厄《さいやく》を防ぐためのお札《ふだ》にも桃の木が使われた。私が修行時代にお世話になった天龍寺《てんりゅうじ》の屋根には、鬼瓦ではなく、桃の実の形の瓦が屋根に据えてある。邪気に邪気で対抗するの

ではなく、邪気には無邪気こそが最も有効なのだという思想の表れである。

「嗔拳《しんけん》も笑面を打せず」

禅語にも、そんな考え方が明確に示されている。ここで笑面というのは、疑いもなくすっかり信じきっている無邪気な笑顔だ。そんな笑顔は、怒って張り上げた拳でも、結局打つことができない最強のものだというのである。

こうした桃のイメージから、鬼退治には「桃太郎」という物語も作られる。桃太郎はなぜか刀を持って鬼ヶ島に向かい、力ずくで鬼をやっつけるが、本当は戦うまえに鬼のほうで戦意を喪失する仕組みなのだ。


無邪気で天真爛漫な桃のイメージは、「頓悟禅」のイメージだと申し上げた。もっと云えばそれは唐代の禅が発する自由闊達《かったつ》な宗風に重なるだろう。しかし世間の人々が思う禅の印象は、もう一つ、明らかにこれと矛盾する側面を伴う。即ち、謹厳実直で禁欲的な、言い換えれば梅的なイメージである。

じつは日本の禅には、この両者が混在している。いや、梅も桜も混じっていると云っていいだろう。三つの花が入れ替わりに咲くのが日本の春だが、この三種の在《あ》りようは我々の人生をも三様に彩っているのだと思う。

幼い頃の、すべてが「遊」に通じていた桃的な時間が終わると、やがて誰もが梅のように剪定され、全体に適合する形に整えられていく。武士道などもおそらく梅の美学を根幹にしている。また桜の「あはれ」を感じる素質は多分に個別な経験に左右されるのかもしれないが、それは我々の人生に伏流する「もう一つの時間」だろうか。

梅的な社会性を身につけ、身を律して生きることは大切だが、そこには笑いがない。桃のように無邪気なまでの信頼を周囲に放射し、春風のなかに笑いが伝わるような広がりと、桜のように異界へと深まる感性と、その両者があってこそ人生は充実するというものだろう。

難しいことを述べてしまったが、要は花ではなく我々の人生の話である。怠りなく鍛錬し、無邪気に人を信じて上機嫌に働き、無常と「あはれ」を忘れずに生きるなら、貴方こそ見事に咲いた梅桃桜ではないか。

第5章

全てを受け容れると、人は最も強くなれる

無我

無我と無我夢中

環境や状況によって人はどうにでもなる

「無我」(anātman)は仏教の大事な理念だが、これほど誤解の多い言葉もなさそうに思える。だいたい人はみな個別の体をもっているのだし、とにもかくにも「我」(ātman)があるではないかと、思うのが普通だからである。

しかし仏教の説く「我」とは、常に変わらぬ自性をもった我のこと。難しくいえば「常一主宰の実体我」のことであり、仏教ではそれが「無い」と否定するのである。くだけた言い方をすれば、環境や状況によって人はどうにでもなる、ということだが、これは「自分がこういう人間だ」と思い込んでいる現代人にはとても示唆の多い教説といえるだろう。

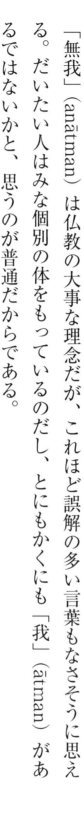

しかしそのようにアテにならない「我」の否定が仏教の基本だと思って安心していると、やがて（更に学んでいくと）大きな混乱が待ち受けている。

仏陀が否定したはずの「我」を、『**大般涅槃経**《だいはつねはんぎょう》』*1などでは「拠り所とせよ、島とせよ」と告げるからである。いわゆる「**自燈明、法燈明***2」と呼ばれる教えだが、ここで燈明（拠り所）とすべきだとされる自己も、同じātmanと表現されるのである。

これはどういうことか。

つまり仏陀は、常一主宰の実体我は否定するものの、いわば「経験我」までは否定しないのだ。

無我という考え方は、間違って進むとニヒリズムにも陥りやすい。どのように振る舞っても「我」でないならば、何をしたって、あるいはしなくたって同じという解釈だってあり得るからである。

*1＝釈迦の入滅（＝大般涅槃）を叙述し、その意義を説く経典類の総称である。阿含経典類から大乗経典まで数種ある。略称『涅槃経』。

*2＝お釈迦さまが入滅する際、弟子のアーナンダへ仰った「自分と法（真理）だけに頼りなさい」という言葉。「自らと法以外を燈明として仰がない」というつもりで「自燈明　法燈明」と説かれることが多い。

しかし実際には、人の価値は行動によって決まると考え、仏陀は生まれによる差別を真っ向から否定したのだし、じつは経験我をとても重視していたということだろう。その辺のややこしさを、日本仏教はじつにスマートに処理している。つまり、否定するのは常一主宰の我だが、拠り所にすべき我については「よく調えし自己」などとサラリと表現するのである。

人の在り方を大きく規定するのは、やはり経験、あるいは習慣であろう。日本人の場合は特に「型」を重視し、それを繰り返すことで「身につける」。身についたものはすでに無意識にもできることなのだから、拡張された「自然」と呼んでもいい。無意識に、自然に動ければ、そこには自由な感覚が生じる。周囲から見ると、それがある種の美しさと映るのではないか。

無我夢中こそ最強

ただ「型」から入る日本文化は、ともすると「型」に終始しかねない怖さも秘めている。「型」に終始するとは、行動ばかりか思考までがパターン化してしまい、活発な心が発露しなくなることである。

「型」を身につけるにはそれなりの修練が要《い》るのだし、誰でも「型」どおりできるのをとりあえずは目指すわけだが、身についたものは忘れていい。型の意識がなくなったときこそ、本当の心が顕れると思っていいだろう。

そう言われても、身についたものがそう簡単に忘れられるはずもない。それは尤《もっと》もな意見だ。ならばどうするのか。

身についたものだけでは済みそうもない刺激的なことに、常に挑戦しつづければいい。禅語では「百尺竿頭《ひゃくしゃくかんとう》、更に一歩を進む」というが、現実は諸行無常《しょぎょうむじょう》なのだから、本当はすべての未来が百尺竿頭の更に一歩先だ。覚え込んでいる「型」だけで済むはずがないのである。

さまざまな経験知は「身についたこと」として活かしつつも、常に新たな一歩を模索する。そんなとき人は、「無我夢中」になるのではないか。

この言葉の使い方は、常一主宰の実体我を否定するばかりでなく、じつは日本人好みの生産性讃美にも通じている。余裕があれば「型」どおりできるだろうが、余裕がないからこそ「型」を忘れ、無我夢中になる。たとえば柔道や剣道の試合などでもそうだが、相手が自分より弱ければ「型」どおり運べても、相手が強いと「型」など意識せず無我夢中になる。そして、練習したこともない思わぬ「手」が、無意識に出たりするのである。

意識の流れは相手にも読み取れるかもしれないが、無意識なのだから読み取りようがない。ある意味、無我夢中こそ最強なのではないか。

ところで「よく調えし自己」とは、どういう自己か。この場合には、「無我夢中の自己」ではマズイような気もする。

しかし仏陀が自己を調えるために推奨したのは、なんといっても瞑想である。深い瞑想に入ると、現実だと思っていることが一つの虚構なのだと気づき、夢と現《うつつ》の区別さえ判然としなくなってくる。我が溶解して無くなり、夢中にいるような感覚になるならば、何のことはない、やっぱり「無我夢中」ではないか。

日本人はなんと凄い言葉を造ったものかと、今更に驚く。仏陀の遺言ともいえる「自燈明、法燈明」は、無我夢中になれてこそ叶う境地だったのである。

無「思考」な時間が最良の判断を導く

「計画どおり」が命取り

ビジネスマン独特の悩みがあるらしい。『般若心経《はんにゃしんぎょう》』を元にその解決法を考えてみたいのだが、いったいビジネスマンとその他の人々は、何がどう違うのだろう。

直観的に思うのは、ビジネスマンは厳密に計画どおり事を進めなくてはならない、と思い込んでいる、ということだろうか。

むろん主婦にだって、緻密な計画はある。その場かぎりの食事の段取りにも、買い物や実際の調理、そしてほかの仕事との配分など、じつに立体的な計画があるのだと思う。

しかし主婦や子供などの場合、その仕事がどの程度全体の歯車になっているかを考えると、けっこう独立自尊である。その時の気分で多少の変更は可能だし、場合によっては買い物の現場で料理の品目を変えても誰かが甚大な被害を被るわけではない。子供はもっと極端で、たとえば頼まれた事を忘れて道草をくってしまっても、叱られる程度でなんとか済んでしまうだろう。

ところがビジネスマンは、それが命取りになる。本当はなんとかならないこともないのだが、それを言ったらビジネスじゃないと、みんなが思っている。何がなんでも今日中に仕上げる。今月のノルマを達成する、それを至上命令として、多少の状況変化はモノともせず、あくまでも当初の計画どおり事を進めようとするのである。

農業者と比べてもその点は不自由だろう。環境や天候などに左右されやすいのはむしろ農業のほうなのに、彼らはそうした思わぬ出来事に慣れている。雨が降れば作業は延期、台風が来れば計画を進めるまえに修復と、想定外のことが頻繁に押し寄せてくるのだが、彼らにすれば想定外もじつは想定内なのである。雨が降り続いても、彼らは案外明るい。明るく諦めている。

諦めず、しかも計画どおり遂行できずに暗くなっているのが、最近のビジネスマンではないだろうか。おそらくその最も大きな理由は、彼らが諸行無常の未来の時間を計画や予定という想定のうちにむりやり押し込め、しかも自分自身のことも想定内の存在として見くびっているからだろうと思える。

最も明るくあきらめるべき事柄が、仏教者にとっては「空《くう》」と呼ばれる。それについて書かれた経典《きょうてん》が『般若心経』である。

簡単に言ってしまえば、空とは、あらゆる現象が縁起のなかで生起し、無常のうちに変化するということ。つまり、何事にも「それ自体」ということがない、ということだ。

だから本当は、今月初めの計画も今朝立てた予定もすでに過去の残骸であり、そんなことを考えた自分だってもはや変化している。

しかしこれを実感するのはとても難しい。ビジネスマンならずとも、みな「わたし自身」を信じ、役職や立場という縁で結ばれた虚像を実体であるかのように演じつづける。しかも本来は時と場合に応じて無常に演じ分けるべきところ、硬直した「わたし自身」のまま家に帰り、食事中でもお風呂でもそのまま通そうというのだから不自由きわまりない。いつも変わらぬ確かな「わたし自身」を構築しようとする真面目な人が、それに失敗してウツになったりもする。

釈尊の偉大な「発見」

思えば日本では、戦後教育のなかで「個性」が強調されすぎてきた。それが「わたし自身」をより強固にし、より執拗《しつよう》な「苦」を作りだしているのだと思う。「苦」からの解脱こそ釈尊の終生のテーマだったわけだが、なにより釈尊の偉大さは、「苦」から解放されるには、「わたし自身」を溶解させればいいと覚ったことである。「わたし自身」という個性は、あくまでも結果についての呼び名にすぎず、自然の分身としての「自分」は本当にどのようにでも変化できる。いや、今も休みなく変化し続けているのだ。そのことを、『般若心経』は「色即是空《しきそくぜくう》」と説くのである。むろん「色」とはこの場合過去の集積としての「わたし自身」だ。

ならば過去から飛び立ち、窮屈な「わたし自身」から解放されるためにはどうすればいいのか。

釈尊は、ひたすらに瞑想を勧めた。メディテーション（パーリ語でバーワナーBhāvanāと呼ぶ）である。

しかしこの方法は些《いささ》か専門的な訓練を要する。そこで仏教が大衆化した頃に、もっと簡単な方法を提唱する人が現れた。それが『般若心経』に説かれる咒文《じゅもん》だったのである。

『般若心経』の特異性は、なにより釈尊が一度は否定した「咒文」の効果を、最大限に謳いあげたことにあるだろう。「ぎゃーてーぎゃーてー〜」という最後の咒文だけでなく、じつは『般若心経』の全体が暗記して唱えるべき咒文なのである。

暗記した何かを唱えるという文化は、戦後は極端に軽んじられてきた。我々の世代が教わったのは、いつも「思考」こそ素晴らしいという話ばかりだった。なるほど思考とは、常に過去を材料に展開されるから、いわゆる一貫性のあるアイデンティティーがそれによって導かれるのだろう。

しかし考えてみていただきたい。禅の修行とは、死ぬほど叩かれながら、わざわざ無「思考」を訓練し、そうした作り物のアイデンティティーを溶解させようとしているのである。言葉が深い沈黙から湧き出すように、「思考」もじつは直観的に無「思考」の渾沌《こんとん》から染《し》み出てくるほうが素晴らしいのだと、仏教は考えている。いや、仏教だけでなく、それはインドのあらゆる宗教、そしてキリスト教やイスラム教にも共通した認識だろうと思う。

実際、暗記して唱えてみていただけるとご理解いただけると思うが、暗誦している最中にはあらゆる「思考」を離れ、「わたし自身」の好悪《こうお》やさまざまな判断も休止している。しかも感覚は却《かえ》って鋭敏になり、よく見え、よく聞こえているのに、なんの価値判断もしていないのだ。

この名前を唱えるうちに気分は平静に

ここでわざわざビジネスマンのために『般若心経』を説くのは、普段「わたし自身」としてあらゆる価値判断を迫られ、計画遂行に献身するビジネスマンにこそ、そのような無「思考」の時間をもっていただきたいからだ。

じつを言うと、その効果はお経じゃなくとも同じである。会社で思い悩み、部屋の隅で『般若心経』を唱えだしたのでは同僚に気持ち悪がられるのが関の山だろうから、ここでは落語の「寿限無《じゅげむ》」にしてみよう。

ご承知のように「寿限無」とは、誕生した子供にできるだけ長生きしそうな目出度《めでた》い名前をつけてほしいと頼まれた和尚《おしょう》が、ちっとも決定的な名前を言わない。そこで和尚が口にした名前をすべて連ねておけば間違いなかろうと、ひときわ長い名前になったわけだが、間違いなくこれらの名前は音韻が中心に考えられている。つまり、唱えやすいような音の連なりになっているのだ。

だいたい、「寿限無」じたい、「ことぶき限りなし」と解説されるのだから、意味からすれば「寿無限《じゅむげ》」のはずではないか。しかしそれでは発音しにくいから、「じゅげむ」になったのである。

全体を一応紹介しておこう。

「寿限無、寿限無、五劫《ごこう》の擦り切れ、海砂利水魚《かいじゃりすいぎょ》の、水行末《すいぎょうまつ》、雲行末《うんぎょうまつ》、風来末《ふうらいまつ》食う寝る処に住む処、藪《やぶ》ら小路《こうじ》ぶら小路、パイポパイポ、パイポのシューリンガン、シューリンガンのグーリンダイ、グーリンダイのポンポコピーのポンポコナの長久命《ちょうきゅうめい》、長久命の長助」

和尚はそれなりに意味を解説するのだが、そんなものはアテにならない。古典的典拠など殆んどなく、ただゴロがいいから作られたこじつけのような言葉だ。

しかしこの、ゴロがいい言葉を唱える機会が一日に何度もあることの重要さを、この和尚はよ〜く承知しているのである。

たいていはこの子供、親の願いどおり、健康にすくすく育ったと語られるのだが、そのこととこのお経のような無意味に長い名前は、たぶん無関係ではない。江戸時代の落語作家の意図はいざ知らず、少なくとも私にはそう思えるのである。

一度この名前をすっかり覚え込み、暗誦してみてほしい。そして、何かにつけて家庭内でこの名前を唱える場面を想像してみていただきたい。

腹が立って子供を叱ろうとしても、たいがいこの名前を唱えているうちに気分は平静になってしまうだろう。逆に昂奮したり感激しても、唱えるうちには冷静で淡い感慨に移行するだろう。つまりそこには、穏やかで平和な家庭が、いつしか実現してしまうのである。そう、このリズミカルな音の連なりを発語するうちに「わたし自身」の輪郭は確実に薄くなってくる。なぜなら、思考し、喜怒哀楽を感じる「わたし自身」は暗誦の際には邪魔にしかならないからだ。たぶん暗記した音を再生する主体もそれを聞く主体も、「わたし自身」ではない何物かなのだろう。

「寿限無」でさえそうなのだから、まして況んや『般若心経』をや、である。あのお経は音もいいが意味も深遠である。本当は子供のように素直に、ただ無意味に覚えて再生してほしいものだが、知的なあなたにそれは無理だろうから、まずは意味を知り、それからじっくり暗誦することで意味を超えていただきたい。

無思考な時間が、最良の判断を導く……。あなたはこれを、信じますか？　信じるなら、まず「寿限無」、そして『般若心経』へと進んでください。

涼風に出逢う旅

自分とは違う感性に触れる写経

長年文字を書くうちに、我々はどうしても自分らしいクセを身につけてしまう。撥《は》ね方、抜き方、止め方にも、その人独特の個性がにじむものだ。そのことじたいは自然なことだし、善《よ》くも悪くもない。むしろ活字のような文字ではつまらないし、書道を上達させようと思ったら、自分のクセに似ている手本を見つけることこそ早道でもある。

しかし写経は違う。写経とは自分らしい文字を書き連ねるのではなく、あくまでも手本に忠実に、自分ではけっしてしないような撥ね方や抜き方もそのまま真似ることが大切なのだ。

「わたし」ではない書き方を素直にしてみると、気持ちも普段の自分のようではなくなるから不思議である。

まさかそれだけで、手本を書いた人の気持ちがわかるわけではない。しかし少なくとも、それによってあらためて、自分とは違う感性に触れることは確かだろう。

もしも写経の最終的な目標が仏さまを感じることだとするなら、絶対的な手本はどこにも存在しない。何度も同じ手本で書いていると慣れてきて、次第にその手本の文字に影響を受けることがある。普段の文字がその雰囲気に染まってくることもあるだろう。しかしそのような熟練も「わたし」に繰り込まれた途端に仏さまから遠ざかる。

「慣れ」のなかにはけっして仏さまはいないのである。

「わたし」を滅して素直な気持ちで

昔、仏さまとは何ですか、と訊かれて、「薫風《くんぷう》が南から吹いてきて、お堂の中にさあっと吹き渡って涼しいなぁ（薫風自南来、殿閣生微涼）」と答えた禅僧がいた。

ずいぶんとぼけた答えだが、要するにこの涼風こそ仏さまだというのである。涼風は努力すれば必ず得られるというものでもないし、慣れたら感じなくなってしまう。

我々はたぶん、写経のたびに新鮮な手本に向き合い、「わたし」を滅して素直な気持ちで他者に対面する。別な言葉でいえば、そこに現れた「わたし」ならぬ存在に、虚心に応じるのである。そこに涼風が吹き、瞬時に仏さまが立ち現れるのではないだろうか。え？　どこに？　もちろん一心に手本を写すあなたの中に、である。

よく写経に熟練し、『般若心経』など二十分で写せるなどと豪語する方を見かけるが、それはただ馴れ親しんだぬるま湯のような自己を掻き混ぜているだけで、涼しさとは無縁である。

ほんの短い時間ではあるが、頭の中で音読しながら「わたし」を離れる旅に出る。そう、写経とは、涼風という仏さまに出逢う束の間の旅なのである。お経は暗誦もして、意味の学習もしたほうがいいが、写経のときだけは何度でもウブになりたい。

計画病

細かい周到な計画もいいけれど

　このところ、死後のことなどを考えるのがブームのようだ。「死」そのもののイメージが湧きにくいため、どうしても死後のことばかり考えるのだろうが、この両者は大きく隔たっている。

　葬儀は身内だけでいいとか、お墓はもう申し込んだし、葬儀屋も会員になっているなど、先行きが不安なだけにあれこれ準備したくなるのも分からないではないが、ちょっと待って、と言いたくなることが多い。細かい周到な計画もいいけれど、自分がその場に居ないということをちゃんと認識しているのだろうか。他人事《ひとごと》ながらそんなことが心配になってしまうのである。

先日も、京都で生前に墓地を契約していて亡くなった人の遺族が、すぐに合葬《がっそう》されるなんて了承できないとして、墓地経営者を法的な手段で訴えた。本人は、すぐに合葬されることを了解し、合意のうえで契約していたのに、である。

お墓は自分でお参りするものではない。お葬式も自分で喪主になることはできない。それなのに、その内容を、どうして細かいところまで自分で決めてしまえると思うのだろう。

ここには、「計画病」という現代人の深い病が感じられる。

予断なく無心で向き合う観音力

なんでも予定や計画を緻密に立てることが称讃《しょうさん》される。まだ小学生の幼い子供にまで将来の計画を言わせるのと同じ病理が、潜んでいるような気がする。

しかし、未来は刻一刻と新たな材料を取り込みつつ変化し続けるのだから、現状での結論などそう長保《も》ちしないのは明らかなのだ。まして死後のこととなれば、本人には到底分からないはずである。その分からない未来を、勝手に文書にしたり約束したりするから、あとで厄介な問題になるのではないか。

そのような文書のことを、どの政党も「マニフェスト」と呼んで重視する。だからこそ、予測もつかなかった事態への政府の対応もひどく遅れてしまったのではないか。文書との整合性など気にしていたら、判断が遅れるのは当然だろう。

計画や目標と呼んで世間が讃《たた》えるものを、禅では「予断」と呼んで、「持つな」と云《い》う。予断なく無心に向き合い、どのような事態にも即座に対応するのが観音力《かんのんりき》というものだ。観音さまの智慧《ちえ》は無理だとしても、誰しも自分の未来を細かく決めるのはいい加減に止《や》めたほうがいい。

この「からだ」だって、今は「わたし」が管理して使わせていただいているが、未来のことまでは分からない。自分のものと錯覚してあんまり未来を決め込むと、あとの人々が困るだけだ。どだい、自分の「いのち」、と思うのが大きな勘違いなのである。

心のこもった卒業式

想像できない自分の死後のこと

前項でも述べたが、最近は生前から死後の希望をノートに書いたり、遺言書を書く人が増えているようだ。

私も職業柄、そのような場面に触れる機会が多いのだが、つくづく思うのは、人間、自分の死後のことは、どんなに想像力が豊かでも自分では冷静に想像できない、ということである。

社長が辞めて別人に代わるだけで、会社の様子が一変することがある。それと同様、あるいはそれ以上に、本人が亡くなるとその周囲の様相は一変するのだが、生前にはその変化の詳細はおろか、変化の方向性さえわからない。どうしても希望的観測が入り込むせいだろうと思う。

その結果、残された遺言が見当違いに思え、ノートに書かれた細かい指示も、単なるワガママのように思えてきたりする。そして「和尚さん、どうしたらいいでしょう」などと遺族が相談してくるのである。

理想を言えば、遺言すべき内容は、あくまでも生前に自分で努力し、なんとか叶えてしまえばいい。一つずつ叶え、遺言を一項目ずつ消していき、実際に亡くなった際には何もなかった、というのが一番いい。

モノもそうだ。遺産分配に雑多なモノまで含めるよりも、生前に潔くあげてしまうのがいい。檀家さんの一人で、三年着なかった着物は処分する、と決めて周囲にあげていたお婆ちゃんがいたが、それによって死後、家族がどれほど助かったか計り知れない。思いのこもっているであろう品々を、あとで本人以外が処分するのは結構つらいのである。

生前にどうしてもしておいてほしいこと

モノや思いは残さず、それについては充分語りつつ特定の人々にあげてしまう。そして死後のあれこれは、見当違いな指示をするのではなく、生き残っている人々にお任せしてはどうだろう。

個性が尊重される時代、自分だけの在り方が死後にまで欲求されているように思える。やれお骨は海に撒《ま》け、山に撒け、あるいはお墓は要らないなど、そこには、全員が採れる方法を模索する態度はなく、「私くらいいいだろう」というワガママ勝手な考えが透けてみえる。しかも自分の死が、死後は自分の問題ではなく、家族や友人たちにとっての長期にわたる切実な問題であることが忘れられているのである。

もしも生前にどうしてもしておいてほしいことを一つだけあげるなら、葬儀という卒業式を行なうための学校に、入学だけはしておいてほしい。入学していない人の卒業式を行なうモグリの業者が都会にはたくさんあるが、最後がモグリではどんな人生も浮かばれない。

心のこもった卒業式は、お金をいくら残しても、それだけでは叶わないはずである。

苦と憂いと……

苦が産みだす、ぎりぎりの生き甲斐

仏教では、いわゆる三法印《さんぽういん》（諸行無常・諸法無我・涅槃寂静《ねはんじゃくじょう》）のほかに、「一切皆苦《いっさいかいく》」を加えて四法印《しほういん》とする。「印」とはほかの宗教にない特徴的な旗印《はたじるし》のようなものだが、要するに仏教は、この世や人生を基本的に「苦」と見る点において非常に際《きわ》だった教えなのである。

「苦」の元凶は、間違いなく「我」である。私たちはほとんど無意識に「我」に都合のいいように世界を見聞きしている。だからそんなふうに都合よく行かない人生は、そのまま「苦」になるのである。

しかしじつは「苦」を前提にしたことで、我々はちょっとしたことでも喜び楽しめるよ

うになった。「苦」で当たり前なのだから、少しでもマシなら嬉しいではないか。

このところ、東日本大震災の避難所や被災地を歩いてみると、そのような明るい諦念《ていねん》も感じられるようになってきた。

宮城県石巻市《いしのまき》で津波に浚《さら》われた七十歳ちかい男性は、たまたま近くに流れてきた船に這い上がり、九死に一生を得た。妻や息子は死んでしまい、一緒にいた犬も流されてしまったけれど、彼らの墓を作るまで俺は死ねない、それが生き残った俺のすべき仕事なのだ、と力強く言うのだ。

その人が仕事着で汗を流して重機を動かす姿を見ながら、私は「苦」が、もしやぎりぎりの生き甲斐《がい》をも産みだすのではないかと、考えていた。前提である苦をなんとか呑《の》み込み、その後の一歩をとにかく踏みだしていることが嬉しかった。

しかし一方で、福島県の原発事故からの避難者を訪ねると、彼らは一様に「憂い」に沈んでいる。明日が見えない、子どもの声が聞こえない、どこで死んだらいいのか、などが共通の心情だろうか。

むろん、なかには家族を失い、家を破壊されたような人々もいるわけだが、彼らからは殆んど激甚な感情が感じられない。ただ避難所の布団の上などに横たわりながら、特にすることもなく、私の質問に力なく答えてくれるのである。

むろん石巻のおじさんにしても、墓を建てるために四六時中エネルギッシュでいられるはずはない。時には独り布団で泣くことだってあるだろう。もしかすると毎晩かもしれない。しかし涙を拭いたおじさんは、きっとまた激しいエネルギーが身のうちに湧き出すのをどうしようもなく感じるはずだ。怒りにも似た、悲しみ、苦しさ。

宮城県の津波被災者に感じたこの動的な力は、原発避難民には感じられないものだ。両者の違いは、いわば故郷という地盤を、いまだ保っているか失ってしまったか、ということなのだろうか。

また、片や純粋に天災、もう一方は明らかに人災という点も関係するだろうか。

力も入らない「憂い」

荘子《そうじ》は至楽篇《しらくへん》において、「人の生くるや《い》、憂いと倶《とも》に生く」と呟《つぶや》く。いたずらに憂いばかりが長く続き、死の安息すら得られない人生を嘆くのだが、むろん憂いを与えるのは欲に振り回される人間のありさまである。

「天下の尊ぶ所の者は、富貴寿善なり。楽しむ所の者は、身の安きと、厚味《こうみ》、美服《びふく》、好色、音声なり」とも、荘子は呟いている。

ここで云う「善」とは美名のことだが、避難所のテレビには、美名を追い、美服に包まれ、きっと厚味を食しているだろう人々の討論の様子が流れている。むろん避難民は、誰も見てはいない。

「苦しみ」と「憂い」、どちらが辛いのか、比べられるようなものではないかもしれないが、どうも私には、「苦」は力を溜められるけれど、「憂い」は力も入らない事態のように思える。

避難所で、私は「またお茶のお稽古がしたい」という方に会った。抜けてしまった力を、なんとかもう一度寄せ集める枠組みが欲しいのだろう。「喫茶去《きっさこ》」の心、というよりそれが叶う心理的・物理的環境を、一日も早く取り戻してほしい。

第6章

未来を憂えすぎず、「今」に無心になろう

無心

無心の在処《ありか》

心が無いって、どんな心？

日本仏教を特徴づけるものとして、鈴木大拙《だいせつ》博士は禅から流れ込んだ「無心」を挙げる。いや、それが日本人全体の心根をも形作ったというのだが、さて「無心」とはいったいどんな心なのだろう。

無心という以上、心が無いのだから、どんな心と訊かれても困る。それは尤もなご意見である。

しかし死んだわけでもなく、むしろ「無心」に生き生きと動いたりするわけだから、やはり心が無いというのは言い過ぎではないか。

沢庵禅師《たくあんぜんじ》（一五七三〜一六四五）は**『不動智神妙録《ふどうちしんみょうろく》』***のなかで、無心とは、およそ「心

が遍満しており、どこにも滞っていない状態」だという旨のことを仰っている。

こうなると、意識という言葉で考えたほうが分かりやすいかもしれない。

井筒俊彦氏は『意識と本質』（岩波文庫）のなかで、意識の最も基礎的な性質は、方向性をもつことだと書いている。たしかに意識は、常にどこかに向かって動きだし、何かを捕まえようとしている。いや、それほど大袈裟に言わなくとも、五感のすべてが対象を捉えることじたい、意識の志向性の結果であろう。

しかしそれなら、「遍満してどこにも滞っていない状態」とは、いったい何だろう。

実際の坐禅を例にとると、坐禅は通常半眼《はんがん》で坐る。半眼とは、瞼《まぶた》の力を抜いて自然に見えている状態だが、畳の部屋で坐っていれば、普通は二メートルほど先の畳が視野の中心に来る。

人はモノを見る場合、右目が見る世界と左目が見ている世界の微妙なズレを、脳内でピ

＊＝江戸時代初期の禅僧・沢庵宗彭が執筆した「剣法（兵法）と禅法の一致（剣禅一致）」についての書物。執筆時期は諸説あるが、寛永年間（１６２４年から１６４５年）であろうと推測される。『不動智』、『剣術法語』、『神妙録』とも呼ばれる。

タリと重なるように調整しているわけだが、アジャストして焦点が合うと、途端に思考可能な状態になる。つまり意識が一点に集中したとき、ヒトは思考しはじめるのである。

思考可能な状態で思考しない、というのはとても困難なことだ。そのため我々は坐禅のとき、通常二点に意識を分散するという方法を使う。その際、右目と左目の微妙なズレを保ったままにしてもいいのだが、それだとすぐに睡《ねむ》くなる。むしろ一旦合わせた焦点を、敢えて二点に分散すると考えたほうがいい。二点というのは、視野の中心点と視野全体の輪郭である。

意識をそうして分散したまま集中していくのだが、この表現、ご理解いただけるだろうか。これは実際に試していただくほかないのだが、確かに人は、おそらく誰でも、意識を「分散したまま集中していく」ことが可能なのだ。

「わたし」のいない状態、「解脱」「涅槃」

たとえば匂いでも色でも音でも、そこに意識を集中した途端、ヒトの場合、膨大な脳機能が動きだす。記憶が甦《よみがえ》り、感情が湧き起こり、分別せずにはいられなくなる、といった具合だから、これはもう命としての冷静な対処など望めないという状態ではないか。

だから意識をまず二分し、そのうち二分した意識が型崩れを起こすように遍《あまね》く全体に満ちてくる。そして再び何かに意識が向かうと、遍満した無常なる流れが滞る、というふうに感じられるのだ。

沢庵禅師の言う「遍満してどこにも滞っていない状態」、プロセスも含めてやや詳しく申し上げてみたが、諒解いただけただろうか。

この状態では、五感の全てがむしろ敏感になったように感じるから不思議である。おそらく通常は、意識が引き起こす感情や分別などが、本来の感覚にフィルターを掛けているということではないだろうか。ヒトはどうしても、見たいものを見るのだし、聞きたいものを聞いている。そうした感情や分別を、「わたし」が常に沁み出させ、世界を曇らせてしまうのである。

「わたし」とは、五蘊《ごうん》（色・受・想・行・識）のどれによっても簡単に形成される錯覚だと、気づいたのが釈尊である。

そこで釈尊は、戒律によって瞑想のエネルギーを高め、瞑想による禅定《ぜんじょう》によって本当の智慧が発現すると言ってひたすら瞑想を指導した。我々が「現実」だと思っている世界は、常に「わたし」が提供する物語に染まっているのだが、瞑想による深い禅定のなかで、あらゆる物語は解体し、「わたし」も溶融してしまう。それが釈尊の説いた「解脱」であり、「涅槃」なのだ。

感覚だけがあって、それが知覚に進まない状態、と言えばかえってわかりにくいだろうか。感覚は、少しでも「わたし」が絡めば感情や分別を含んだ「知覚」になるのである。おそらく日本では、「解脱」や「涅槃」まで含めて、じつはすべて「無心」という言葉で済ませているのではないか。本当に「無心」になれたとするなら、それは立派な「解脱」だし、そこに「わたし」はいない。

ところで「わたし」がいない状態の此の身は、むろん、「わたし」のものではないはずだが、いったい誰のものなのだろう。

「無心」の教育

無心になるための反復練習

今の日本では、目標をもち、計画的に事を進めることが、讃えられすぎているような気がする。

政治の世界ではマニフェストと呼ばれ、また何事につけても「マニュアル」作りに精を出す人々がいる。

その場での直観的な対応に任せるようでは、上司としての管理責任が問われるのだろうか。要は、事の進展があらかじめ「想定」され、すべてが管理できるつもりなのだろう。

何か事が起こると、「二度とこのようなことが起こらないように」と、必ず新たな規制や決まりができる。滅多に起きない例外的な出来事でもそうするため、普通の人々がどんど

ん生きにくくなるのだ。

世の中がそのように進んできた原因の一つに、コンピューターがあると思う。

おそらくもう二十年以上経つと思うが、「仕事をする」ことは「ＰＣに向かう」のとすっかり同義になってしまった。忙しくともヒマでも、とにかくパソコンの前に坐っている。いつしかそれが、殆んどの仕事のスタイルになってしまったのである。

パソコンの前に坐っていると、自然にパソコンの得意なことがしたくなってくる。それは情報の集約化、分析、想定などで、いずれも世の中の方向を基礎づけている。集約化するから盗まれる。盗みたくなる。また百歳以上がパソコンの中だけで大勢生きつづけていたり、そこにいるはずの子どもがいない、などの現象も近年は起きているが、それも結局、現場確認をしていないパソコン仕事の当然の帰結である。

それでも彼らは現場に行こうとはせず、コンピューターソフトの不備と考える。これでは管理される人々の生きにくさも深まっていくばかりである。

そのような世の中にあって、武道教育が復活していると聞く。それは非常に意義深いことだと思う。

剣道、柔道、合気道、どれもそうだが、稽古の場で心がけるのはまず、基本的な動作が無意識にできるほどの反復練習である。

そうした単純な運動が、ストレスを解消し、同時に体力をつけてくれることも間違いない。

全身で反復練習をするのは、「無心」になるためでもある。要はああしよう、こうしよう、という意志ではなく、無意識に直観的に相手の動きに対応できるまで、我が身を使いこなしていくのである。

現代人のからだで、そんなふうに使える部分がどれほどあるだろう。キーボードを打つ指先と、歩く脚くらいか。しかしそれさえ「無心」ではなく、考え事と同時進行ではないか。我々のからだは、必要以上に貶《おとし》められ、いわれなく使役されているのである。

計画も想定もかなぐり捨てる心意気

相手に真剣に向き合えばすぐに分かることだが、そこではあらゆる「想定」は役に立たない。ある種の思惑をもてば、必ず相手に見透かされてしまうだろう。計画も目標も、短期的にはまったく意味をなさない。ここにおいて人は、計画とか目標といえば聞こえもいいが、それは単に「予断」にすぎなかったことに気づくことになる。「無心」に動くからだだけが頼り、となれば、ようやくからだの復権である。

どう動くか分からない相手に向き合うことは、ある意味で自然に向き合うことでもある。武道には、自然との上手なつきあい方の雛形《ひながた》も潜んでいるような気がする。

武道に通底する考え方は禅の世界にもあり、禅はまず自然が拡張できるものだと考えている。つまり、初めはどんなに不自然と思えることも、反復練習すれば習熟して無意識にできるようになる。無意識にできるようになったことは、新たな「自然」であり、そんなふうに自然が拡張することを「上達」と呼ぶのである。

一方、相手も別な「自然」である。自然どうしとはいえ、相手を完全に理解することは到底できない。つまり、自然相手なのだから常勝はありえない。その認識が相手への基本的な尊重につながるのだろう。

指導者によっては、勝負にこだわらない、という人もいるのかもしれない。しかし勝負という単純で厳粛な基準があるからこそ、自然のもつ無限の可能性が引き出されるのではないか。

武道において発揮される能力は、じつは動物たちのもつ能力でもある。最近はのんびりした生活のせいで、狩りの能力を失った犬猫も多いが、彼らだって本来、無心にからだを使いこなすことにおいてはヒトなど及びもつかない。

ネコのバランス感覚や犬の嗅覚など、真似ようにも真似はできないが、せめて我々ヒトも、無心になることで動物としての能力が何か出てこないかと、期待しているのかもしれない。

剣道の面を被って相手に向き合っていると、たしかに言葉にできない世界があることを、ひしひしと感じる。いや、言葉になる以前に、からだが動くということか。なぜ、そのように動いたのか、そんなことは自分でも説明がつかない。

説明がつかないことを身近で体験する、という意味でも、武道は子供達にとって大きな体験になるだろう。「それをすると、どうなるんですか？」。よく今の子供達はそんな質問をする。先生も何でもすべて説明できるはずだと思っているから、くどくどと「想定」した答えを返す。

そんな質問には、「いいから黙ってやってみろ」と昔は答えたわけだが、今は許されないのだろうか。それならせめて、「やってみないと分からん」くらいは答えてほしい。

計画も想定もマニフェストもかなぐり捨て、「やってみないと分からん」から、やってみるのが武道人の心意気ではないか。

「計画病」や「マニュアル症候群」に陥った現代人の陰鬱な閉塞状況は、武道教育によって必ずや活路を見出すはずである。私はそう信じたい。

適《たま》たま得て幾《ちか》し

変化に乗じてされるがままを楽しむ

このところ、長寿を目指すさまざまなココロミが盛んである。医療の進歩はありがたいことだが、そこに留まらず、食べ物もそうした基準で選び、さらには月に数万円分ものサプリメントを飲む人までいる。今や長寿は「欲望」の対象になりつつある。

諸子百家《しょしひゃっか》をある種の技術者集団と捉えるならば、老子《ろうし》・荘子を祖として仰ぐ道家は、長寿の技術者たちだと言えるだろう。なるほど老子は二百歳以上生きたとも言われるし、荘子も長寿を否定はしない。

しかし否定しないということが、即《すなわ》ち目指していいと思うのは浅慮《せんりょ》である。結果として長生きすることは褒められるが、それを目指すのはあまりに下品だし、賢《さか》しらであろう。

荘子は、徳充符篇《とくじゅうふへん》における恵施《けいし》（恵子）との問答で、人は「常に自然に因《よ》りて、生を益《ま》さざる」べきだと主張する。つまり自然に任せるべきであって、ことさら長生きしようとか体を強壮にしようなどと思うべきではないというのである。

恵施というのは『荘子』に何度も登場する友人だが、論理学派（名家）に属し、しょっちゅう荘子に問答をしかけていた。荘子は常々「聖人にはいわゆる人情がないため、是非に囚《とら》われることがない」などと主張していたのだが、「情がなくてどうして人間と云えよう」と恵施が突っかかった。それに対し荘子が、「情」というのはそういう意味じゃなくて、自分の是非や好悪による判断の、「是」や「好」のほうを助長しようということだと述べる。それが「益す」ということであり、そんなことをすると、是非や好悪の感情によって気持ちが乱れ、精神を損なう。だから常に自然に因りて、生を益さざれ、非人情であれ、というのである。

『老子』第五十五章には、「生を益すこと祥《わざわい》なり」とあるが、それがそのまま荘子にも受け継がれ、さらに禅にも移入されていく。

鎌倉の円覚寺居士林で参禅した夏目漱石は、『草枕』の主人公にこの「非人情」の境地を託す。

かうやつて、只一人絵《ただひとり》の具箱と三脚几《き》を担いで春の山路をのそのそあるくのも全く之が為である。淵明《えんめい》、王維《おうい》の詩境を直接に自然から吸収して、すこしの間でも非人情の天地に逍遥《せうえう》したいからの願《ねがひ》。一つの酔興だ。

ここで「之」と呼ばれるのは、明らかに「淵明、王維の詩境」と同意だが、おそらくはあらゆる思惑を離れた自然な在り方を、漱石は主人公の画工に、春の山路の自然から吸収させようというのである。

陶淵明も王維も、『荘子』や禅に親しんだ詩人である。陶淵明は「帰去来の辞」の最後にこう記す。「聊《いささ》か化《か》に乗じて以て尽くるに帰し、夫《か》の天命を楽しんで復た奚《なに》をか疑はん」

自分の思いを意志的に遂げるのではなく、変化に乗じてされるがままを楽しみ、自然と一体化する。天命が尽きるまでそんな在り方を続けよう、疑うまい、ということか。

「ご縁」こそが「非情」を実現してくれる

あくまで受け身、それも強靭なまでの受け身の姿勢と云えるだろう。

仏教ではこの姿勢をとうとう観音の思想にまで高めた。状況の変化に応じて自らを無限に変化させ、それを楽しもうという態度である。

たとえば住居や食べ物に関して荘子は、「夫《そ》れ聖人は鶉居《じゅんきょ》して鷇食《こうしょく》し、鳥行《ちょうこう》して彰《あら》わるる无《な》し」（天地篇）と理想を述べる。つまり、鶉《うずら》のように居所を定めず、ひな鳥が与えられた餌を飲み込むように何でもありがたくいただき、空を飛ぶ鳥のように跡を残さないのである。

食べ物に関して云えば、それはお釈迦さまが一生托鉢《たくはつ》で頂いたものしか食べなかったことにも通じる態度だろう。

たしかに客として出された食べ物に向き合うには、それこそが究極の態度であるように思える。しかしもてなす側としてはどうなのか……。

このほうがあの人は喜んでくれるだろう。こっちのほうが体にもいいのではないか。そんな「生を益す」発想が芽生え、「情」を捨てるのは難しかろう。取捨選択こそ心を乱し、「もちまえ」を歪曲する（天地篇）というけれど、それでは亭主も務まらないではないか。

じつはそれを救うのが「適《たま》たま得る」（斉物論篇《せいぶつろん》）ことである。「適たま得て（道に）幾《ちか》し」。偶然は天命のうち。たまたま頂いたお菓子、たまたま見かけて買い求めた道具ならば自然なもてなしになる。日常語で云えば、「ご縁」こそが「非情」を実現してくれるということだ。

お菓子も長寿も、適たま「ご縁」で得てこそありがたいわけだが、じつはこの「適たま得る」頻度が増えていくことこそ、修行の成果なのかもしれない。

ひとりでに

珍重される「独神《ひとりがみ》」のむすびの力

日本語では、「自然に」という意味合いで「ひとりでに」と言う。どうしてそう言うのか、以前から気になっていたのだが、『古事記』を読んでいてはっと気づいた。これは明らかに「独神《ひとりがみ》」のせいだ。突然そう思ったのである。

「独神」とは、この国の最初の七柱の神さまの在り方である。なかでも天之御中主神《アメノミナカヌシノカミ》、高《タカ》御産巣日神《ミムスビノカミ》、神産巣日神《カミムスビノカミ》、そして宇摩志阿斯訶備比古遅神《ウマシアシカビヒコヂノカミ》、天之常立神《アメノトコタチノカミ》の五柱は、「独神」でしかも「隠身《かくりみ》」、つまり結婚しなくても「独り」で子供を作れるし、姿が見えない。国つくりにも関わったこれら五柱《いつはしら》は、「別天神《ことあまつかみ》」（特別な天の神）と呼ばれている。

生産性つまり産巣日《むすび》の力が珍重されるのは、最初の三神のうち二人にまで「産巣日」の文字が入ることでも明らかだろう。神そのものが「むすぶ」存在なのだ。高御産巣日だから天の高いところで発生し、神産巣日だから自己増殖も可能である。『日本書紀』になると、産巣日は意訳されて「産霊《むすび》」になる。生産性に対する敬意が強く込められた表記だと思う。

「ひとりでに産まれる」ものは、共通する音「ケ」で呼ばれた。「毛」「木」「気」がその代表で、言われてみれば皆ひとりでに増殖する。しかも産霊を際《きわ》だって尊重するため、その力が枯渇することを著しく忌避した。それが「ケ枯《が》れ（＝穢れ）」である。

独りで子供まで生産できる「独神」と違い、その後の伊邪那岐《イザナギ》や伊邪那美《イザナミ》等は対になって初めて産霊の力を持った。余る部分と足りない部分とが「イザナ」い合い、新たな命を産みだすのである。

たまたま『日本書紀』の編纂中に先祖たちは「陰陽」という考え方を知った。『古事記』には一度も出てこない「陰陽」という言葉が、きちんと生産原理の意味も踏まえて『日本書紀』には七カ所も出てくる。

ここから着想を得て、私は『荘子』の「両行」という言葉を用い、『日本人の心のかたち』（角川ＳＳＣ新書）という本を書いた。とにかく対を作って「両行」させ、産霊の力を増幅しようとしたのが日本人ではないかと、独断も含めて述べたのである。

生きることは自然を拡張しつづけること

ところでこの国には、別天神のほかにもう一つ産霊の力の権化《ごんげ》が存在する。地蔵菩薩《じぞうぼさつ》である。

もともとはバラモン教の地神プリティヴィーともイランの地母神とも言われ、インドの胎蔵界曼荼羅に登場するのが地蔵菩薩だが、これは大地が蔵する能力、即ち生産性の象徴である。しかし仏教国といえど、日本ほど地蔵ばかりが増えてしまった国はない。いや、ほかの国ではほとんど絶滅寸前と言ってもいいだろう。

「ひとりでに」むすぶことが、この国ではそれほどに尊重されるのである。

作品は普通「ひとりでに」はできない。悪戦苦闘の賜である。しかし不思議なことに、うまく行くとそれは「ひとりでに」出来たのだと感じる。その意味は「自然に」ということだから、つまりそのとき私の自然が拡張するのだろう。

書くことも生きることも、自分の自然を拡張しつづけることのような気がする。別天神ならぬ私には、そのための不自然が常に必要になる。不自然が「ひとりでに」自然になったと感じるとき、そこにはきっと新しい何かがむすばれている

禅における「不易」と「流行」

現代に求められる禅の在り方とは

長くこの世に生きつづけてきたものには、時代に応じた変化の様相も見えるし、その柔軟さゆえに守られてきた不易《ふえき》なる要素も必ずある。悠久なる時間を生き抜いてきた禅に於いてその両面を探り、併せて現代に求められる禅の在り方についても考えてみたい。

ここでは禅の起源を、達磨大師《だるまだいし》の**壁観**《へきかん》*とは考えない。それは確かに禅宗の歴史における大きなエポックだが、禅を一般化して禅定《ぜんじょう》と捉えれば、すでに釈尊《しゃくそん》自身が霊鷲山《りょうじゅせん》上で「戒律、禅定、智慧」という、後に「三学」としてまとめられる方法論に言及している。禅定によって我々の求める智慧が得られ、禅定のためにこそ戒律があることを、釈尊ははっきり認識されていたのである。

むろん、そうした釈尊による体系的な理解以前に、インドにはヨーガという伝統的な修練法があった。新旧さまざまなヨーガがあるが、本来ヨーガとは「大いなるものとの合一」、もっと原義に忠実に云えば、「馬を御するように身心を制御すること」を意味する。日本におけるヨーガの先駆者とも云われる佐保田鶴治《さほだつるじ》氏は、いみじくも「ヨーガ禅」という言葉を使ったが、呼吸法や姿勢によって体を調え、身心合一をめざすヨーガも、広義では禅に重なるものと考えて差し支えないだろう。

いや、逆に、禅をヨーガの一部と見る立場もあり得る。もともと禅（梵語でディアーナ）じたい、「ヨーガ・スートラ」第二章に説かれているし、さまざまなアーサナ（姿勢）のうち、禅は坐法だけを選んだと考えることもできるからである。

禅定のほかに静慮《じょうりょ》とも訳されるディアーナだが、アーサナから離れることで、禅は却《かえ》って如何《いか》なる動きにも混入できるベイシックな在り方になった。まずはそのベイシックな

＊＝禅の初祖達磨の宗旨を示すもの。「壁となって観ること」即ち「壁のように動ぜぬ境地で真理を観ずる禅」のこと。これは、後に確立した中国禅において、六祖慧能の坐禅の定義にも継承されている。

「不易」の部分を探ってみよう。

瞑想や坐禅は広大無辺なアラヤ識への旅

ヨーガで「サマディ（三昧《さんまい》）」と呼ばれる境地が、禅にとっても目指すべき状態と云えるだろう。天台の『摩訶止観《まかしかん》』*などはそこまでのプロセスを段階的に叙述するが、ここでは大まかに我々の脳の在り方と絡めて考えてみたい。

およそ我々の脳には、覚醒状態において二つの用い方がある。一つはむろん論理的な思考であり、もう一つがいわば瞑想である。

思考は「わたし」とどうしても密着しており、感覚もすでに「わたし」の都合に染まっている。それゆえ感覚が集めた材料で思考し、分別しても、それは「妄想」「妄念」である。思考の媒介をなす言葉じたい、信用しないのが禅の伝統だが、こうした言葉への不信は、中国において荘子の思想にも補強される。荘子は「自《よ》ること有りて可とし、自ること有りて不可とす」（寓言篇《ぐうげん》）と説くが、要は可とするのも不可とするのも主観的な判断であり、そんなものはアテにならない。「言は風波なり」とも云い、荘子において言は争いの道具とさえ認識される。

荘子は坐禅に似た「坐忘《ざぼう》」という行為をしたことでも知られるが、紀元前三世紀の人だというから完全に仏教流入以前である。言葉や思考を否定する（あるいは超える）瞑想的な在り方は、独り仏教やバラモン教、あるいはヒンドゥー教ばかりでなく、各地に生起していたことは間違いない。イスラームやユダヤ教における事情は井筒俊彦氏の『意識と本質』（岩波文庫）などに詳しいが、ここでは紙面の都合上省く。要するに、「自己」の認識やそれを構成する言語的思考は「いのち」を苦しめるということを、多くの人々が昔から気づいていたということだ。

別な言い方をすれば、人は意識下にもっと深い認識の蓄積があることに気づき、その通路を求めたとも云えるだろう。深い瞑想体験を元に「唯識《ゆいしき》」と呼ばれる学問が形成され、人間の無意識世界が探求される。深度に応じ、マナ識《しき》、アラヤ識と二段階に分けられるが、それは「自己」の溶解度に応じた無意識世界の区分であり、アラヤ識において完全に自己は

＊＝仏教の論書の一つで、止観（禅定の一種）についての解説書。全十巻。五九四年に中国荊州《けいしゅう》（現在の湖北省）玉泉寺で天台智顗《ちぎ》によって講義され、弟子の章安灌頂《しょうあんかんじょう》によってまとめられた。天台三大部の一つ。

溶融し、大いなるものと合一する。瞑想や坐禅は、自己愛の残った危険な無意識領域「マナ識」を通り、さらに深みにある広大無辺なアラヤ識へと向かう旅とも云えるだろう。

　方法論としては、インド以来大別して二つある。「サマタ」と「ヴィパッサナー」だが、あるいは中国語訳の「止」「観」のほうが耳目に馴染んでいるかもしれない。カトリックが行なう瞑想や臨済宗の公案を用いる方法は「止」。これは劇的な覚知が得られるものの、指導者に従わない独学は難しい。一方の「観」は、近頃上座部仏教の日本における隆盛と共に流布しつつあるが、じつは江戸中期の臨済僧、白隠《はくいん》慧鶴《えかく》禅師《ぜんじ》もすでに「軟酥《なんそ》の法」において取り入れている。詮ずれば、「止」は意識を何かに集中させつづけるうちにその主体が溶融する体験。「観」は流動変化してやまない何かに意識を載せることで思考を妨げ、命と一体化する体験である。

　最近の脳科学によれば、我々は通常一分間に百五十から三百もの言葉を想起し、一日に四万五千から五万もの思考を繰り返しているというが、不安や後悔など、明らかに思考の蓄積によって発現する感情から、人は「禅定」によって解放されるのである。**二祖《にそ》慧可《えか》**[*1]の不安を取り除いた「**達磨安心**[*2]」のエピソードは、壁観を修する者には当然の帰結だったのである。

＊1＝四八七〜五九三。俗姓は姫氏《きし》。幼名は神光。中国禅宗の二祖。正宗普覚大師。
洛陽武牢（河南省滎陽市）生まれ。はじめは儒教や老荘思想を学んだが得心せず、香山の永穆寺で得度した。出家後は問法のため各地を放浪し、さらに香山に戻り八年間修行を続けたが、ついに疑念を解明することができず、嵩山の少林寺で面壁していた達磨に面会し弟子入りを請う。達磨は断ったが慧可はあきらめず、自らの腕を切り落として弟子入りの願いが俗情や世知によるものではないことを示し、入門を許されたと伝えられている（雪中断臂《せっちゅうだんぴ》）。実際は元から臂《ひじ》がなかったため、後からこの伝説が作られたともいわれている。達磨の法統を継ぎ、禅宗第二祖となったとされる。
＊2＝少林寺で日々面壁坐禅をしていた達磨の元へ、修行中の二祖慧可がやってきて交わした問答。
慧可「私は、心が未だ不安であります。どうか私のために安心させてください」
達磨「それではおまえさんの不安な心をここへ持ってきなさい。安心させてあげるから」
慧可「その心を探しているのですが、見つかりません」
達磨「不安な心がないなら、それこそ安心ではないか。さあ、もうちゃんと安心させてあげたよ」

日本人の基層をなす「どこにもなくてどこにでもある」心

さてこうした「不易」なる禅の世界を踏まえ、時代の変化のなかでの禅の「流行」も見ておこう。

まずはなんと言っても、中国における老荘思想との合流が挙げられよう。老荘的「無」や「無為自然《むいしぜん》」の思想は、達磨の禅の成立にも大きく関わっている。同じように言葉を介さない把握が、達磨によって「直指人心《じきしにんしん》」と表現され、それによって我々は「見性成仏《けんしょうじょうぶつ》」できるとされたのだ。ここでの「見性」が老荘的な「性（もちまえ）を見（現）わす」と訓《よ》まれるべきことはおそらく間違いない。

『大乗起信論《だいじょうきしんろん》』*1を経た中国の禅は、アラヤ識の底に「清浄心《しょうじょうしん》」や「光明《こうみょう》」を見いだすようになっていたから、唯識が見る無限の薫習《くんじゅう》世界よりはかなり楽観的である。いずれにしても禅は、老子の「無」や荘子の「解脱」「大覚」などの用語を用いることで、中国化という最初の大きな「流行」を経験するのである。

日本の禅を想起すると、次に思い浮かぶ流行は武士道との相関であろう。沢庵禅師《たくあんぜんじ》の『不動智神妙録《ふどうちしんみょうろく》』などに結実するように、禅は実践的な行動原理として更に磨きをかけられる。道元禅師が「而今《にこん》」と呼んだような「前後際断」の心の実現こそ、武士道においては勝負を分ける要《かなめ》となる。予断や悔悟など、「今」以外への思考の流出が即ち死を招くほどの失態になるのである。

ここにおいて、「無心」は老荘思想の如く、「どこにもなくてどこにでもある」心と再認識され、意識も「全身に滞りなく行きわたっている」ものと見做される（『不動智神妙録』）。要するに、意識下に直結した心の在り方で、これが「無心」による「直観」として讃えられるのである。

鈴木大拙《だいせつ》翁は、禅の「無心」と**浄土教**＊2の「無縁の慈悲」が大きく日本人の心の基層を成していると看破した。たしかに前者はさまざまな「道」と呼ばれる修養法に流れ込み、武道や花道、茶道や種々の芸能に実践的な指針を与えたと云えるだろう。同じ動作を反復練習して「身につける」方法論は、禅的には無意識領域（あるいは自然）の拡張であり、それによって直観も磨かれることになる。

＊1＝漢文で記された、大乗仏教に属する論書。著者は馬鳴《めみょう》と伝えられるが、一～二世紀頃に活躍した同名の馬鳴とは別人と考えられている。五～六世紀の成立とされる。大乗仏教の入門書として広く読まれている。

＊2＝阿弥陀仏の極楽浄土に往生し成仏することを説く教え。浄土門の教法。

「流行」のなかに「不易」が、「不易」のなかに「流行」が

金春禅竹《こんぱるぜんちく》（一四〇五〜一四七〇頃）の『明宿集《めいしゅくしゅう》』では、「翁」とは日本における神の顕現とされ、それは意識的に探してもけっして出逢えない存在とされる。ここでは日本の神も、「無心」にこそ宿る禅的な存在になる。『荘子』における「適たま得て幾《ちか》し」、あるいは「忘筌《ぼうせん》」など、無意識性や「忘れる」ことの積極的な解釈を思い起こさせる。

無意識でありつつ我々の命は躍動しなくてはならない。坐禅という静的な禅定体験は、やがて平和な江戸時代ではとりわけ動的な日常生活に求められるのである。白隠禅師はその消息を「動中の工夫、静中に勝ること百千億倍」と表現した。白隠やその後の仙厓義梵《せんがいぎぼん》（一七五〇〜一八三七）の時代、禅は著しく日本化したと思えるが、それはある意味、神・儒・仏が混在しても一向に差し支えない禅の定立であった。仙厓の師匠である月船禅慧《げっせんぜんね》（一七〇二〜一七八一）の「無禅の禅、是れ正禅と名づく」という言葉がそれを端的に物語っている。禅は当初の瞑想におけるサマディ（三昧）を離れ、仏教の一派であることも忘れ、どのような活動においても実現する「身心一如」の状態を意味するようになるのだ。日本において「三昧」が本来の「サンマイ」ではなく、上にどんな活動を伴っても「〇〇ザンマイ」と熟語化されることにそれはよく現れている。少々危険なこの「禅定の独り歩き」

は、戦争中にはたとえば「一億火の玉」といった形で蛮勇を鼓舞する理屈にもなった。

しかし直観の重視、あるいは刹那における無意識の命の躍動は、それ以前から広く日本人の心に通底する美学、もしくは行動原理になっていた。臨済宗の仏頂禅師（一六四三〜一七一五）との問答を通じ、俳諧の道にその成果を示したのが松尾芭蕉（一六四四〜一六九四）だと私は思う。芭蕉における無意識の重視は、四十二歳のときに「翁」と自称したことでも推察される。その翌年芭蕉は、有名な「蛙《かわず》飛び込む水の音」という言葉を、仏頂禅師との問答において捻出する。蕉風開眼の契機とされる「古池や」の句の後半だが、俳人による解釈とは別に、「古池や」だけで禅の閑寂な境地が端的に示され、そこに無意識の命の躍動が描かれたと見ることもできるはずである。鈴木大拙翁もアメリカでの講演で、この句の枢要を「Unconscious Life Impulse（＝無意識の命の躍動）」と表現している。

その後四十六歳で「奥の細道」の旅に出た芭蕉は、命の躍動を「青葉若葉」や「軒《のき》の栗」の花、「夏草」、果ては水流の増した「最上川《もがみがわ》」にさえ見ていくことになる。

禅と自然の親和性は、それゆえ二重の意味で妥当する。一つは「アラヤ識」を自然と重ね、三昧によってそこに繋《つな》がろうとする指向性において。もう一つは作庭《さくてい》などにおける「山水」という独自の自然観において、である。自然を阿弥陀仏と呼んだ善導大師《ぜんどうだいし》（六一三

〜六八一）を引くまでもなく、浄土教と禅の親和性も明らかであろう。しかし日本仏教はみな「禅定」を目指す強い方向性をもつという意味で、ベイシックに見ればじつはどれも禅的である。「不易」と「流行」は芭蕉が「奥の細道」から戻ってから唱えた俳句論、いや人生観だが、じつは芭蕉の主旨も同じ事柄についての二つの見方にすぎない。禅の「不易」と「流行」も最終的には一致し、「流行」のなかに「不易」が見据えられ、「不易」を見るときも「流行」が感じられるべきなのである。

現代に求められる禅とは

最後に少し、現代に求められる禅について考えてみたい。

西欧化した現代社会において、自然は先ほどの両方の意味で圧迫されている。分析知ばかりが横行する脳内においても、瞑想智がもっと尊重されなくては生命力が枯渇するはずである。

折しも上座部仏教の僧侶たちが各種瞑想を紹介し、かなりの勢いで流布しつつある。上座部仏教のシンプルな考え方が受けるのも頷《うなず》けるが、大乗と呼ばれる我々日本仏教僧侶も、座視していていいはずはない。まずは伝統的な教えの中に、広義の瞑想を見いだし、それを流布すべきだろう。白隠禅師の「軟酥の法」や真言宗の「阿字観《あじかん》*」などは明らかに現代に通じる優れた瞑想法である。

要は、かつてないほど身心の不調和を感じているのが現代人であり、それに対処する「流行」が未だに生まれていないのが現状である。伝統的な道場での「不易」なる修行はもちろん継続されなくてはならないが、じつはそこに入門する若者たちが変化しつつあることにも眼を瞑《つぶ》ることはできない。多くの心身症、IT化やデジタル化の潮流など、「禅定」から乖離するこの流れにどのような「流行」を生みだすのか、それが今、禅に問われている気がする。そして一つの「流行」を生みだせたとき、必ずや我々は「不易」なる禅に、より強く魅せられるはずである。

*＝密教で、万物の根源である阿字を観想する瞑想法。日本では、平安時代の弘法大師空海によって伝えられたとするものを指す。

『ないがままで生きる』◉初出一覧

はじめに――「無分別」という平和……書き下ろし

第1章　悟った人の世界はこんなに自由！　無分別

無分別智と無記……書き下ろし

「ないがまま」の発見……書き下ろし

白隠　厳粛かつポップな禅僧

……『ほんとうの仏教入門』２０１２年11月5日発売号

禅師、かくの如く自愛せり……『別冊太陽「白隠」日本のこころ２０３』

天鈞《てんきん》……『なごみ』２０１１年7月号

ネコの枕経《まくらぎょう》……「ねこ新聞」２０１４年3月号

鼓盆《こぼん》の悲しみ……『なごみ』２０１１年9月号

第２章　小賢しい思惑から離れると、身についた性（もちまえ）が豊かに現れる　無為自然

無為自然の難しさ……書き下ろし

「運が悪い証拠」を捜さない……『ＰＨＰ　くらしラク～る♪』２０１１年５月増刊号

礼を以て酒を飲む者は……『なごみ』２０１１年１月号

「わかる」ということ……『なごみ』２０１１年２月号

曲と直……『なごみ』２０１１年４月号

第３章　自分自身も無常。「それはそうだ」を常に突き崩そう　無常

無常を生きる本堂……書き下ろし

一期一会……『なごみ』２０１１年６月号

翁《おきな》忌《き》に思う……「福島民報」２０１４年10月19日掲載

余白の美……『弘道』平成26年７月／８月号

仮設のＳさん……「福島民報」２０１２年11月25日掲載

暮らしの中の宗教……『弘道』平成24年5月／6月号

「風流」の境地へ……『方丈記　鴨長明』（小林一彦著）２０１３年6月21日発売

第4章　人間に完成はない。

一歩を踏み出せば無限の可能性が広がる　無限

秩序と無限……書き下ろし

次の一歩　死ぬまでにやっておきたいこと……『中央公論』２０１０年12月号

梅的、桃的、桜的。……『法光』春彼岸　平成23年№２４６

第5章　全てを受け容れると、人は最も強くなれる　無我

無我と無我夢中……書き下ろし

無「思考」な時間が最良の判断を導く……『ＰＲＥＳＩＤＥＮＴ＋ＰＬＵＳ』２０１０年12月25日号

涼風に出逢う旅……『墨』１１８８号（２００７年9・10月号）

計画病……「福島民報」２０１０年12月19日掲載

心のこもった卒業式……『コモ・レ・バ?』2013 Autumn
苦と憂いと……『なごみ』2011年8月号

第6章　未来を憂えすぎず、「今」に無心になろう　無心

無心の在処《ありか》……書き下ろし
「無心」の教育……『月刊　武道』2012年7月号
適《たま》たま得て幾《ちか》し……『なごみ』2011年3月号
ひとりでに……『三田文学』一一七号（二〇一四年春季号）
禅における「不易」と「流行」……『大法輪』2015年8月号

著者略歴

玄侑宗久（げんゆう・そうきゅう）

昭和31年（1956）、福島県三春町生まれ。慶應義塾大学文学部中国文学科卒業後、さまざまな仕事を経験。その後、京都天龍寺専門道場に掛搭。現在、臨済宗妙心寺派福聚寺住職。僧職のかたわら執筆活動を行ない、平成13年『中陰の花』で芥川賞を受賞。主な著書に『アミターバ　無量光明』『アブラクサスの祭』（以上、新潮文庫）、『龍の棲む家』（文春文庫）、『禅的生活』（ちくま新書）、『禅のいろは』『無功徳』（以上、PHP文芸文庫）、『日本的』（海竜社）など多数。また、平成26年には東日本大震災を被災者の視点で描いた『光の山』（新潮社）で芸術選奨文部科学大臣賞受賞。

【大活字版】

ないがままで生《い》きる

2018年6月15日　初版第1刷発行

著　者　玄侑宗久《げんゆうそうきゅう》

発行者　小川 淳

発行所　SBクリエイティブ株式会社

〒106-0032　東京都港区六本木2-4-5

電話：03-5549-1201（営業部）

装　幀　長坂勇司（nagasaka design）

組　版　株式会社キャップス

本文デザイン　三村　漢（niwa no niwa）

イラスト　ヨシタケシンスケ

印刷・製本　大日本印刷株式会社

落丁本、乱丁本は小社営業部にてお取り替えいたします。定価はカバーに記載されております。本書の内容に関するご質問等は、小社学芸書籍編集部まで必ず書面にてご連絡いただきますようお願いいたします。

本書は以下の書籍の同一内容、大活字版です

SB新書「ないがままで生きる」

ISBN 978-4-7973-9656-0